러시아의 우크라이나 침공과 엇갈리는 세계

| 윤성욱 | 장세호 | 장영희 | 정구연 | 제성훈 | 한홍열 |

차례
CONTENTS

| 제1장 | 러시아의 우크라이나 침공, 어떻게 볼 것인가 | 1 |

세계질서 주도권 차지를 위한 군사적 충돌/ 3
통합된 국가정체성 확립에 실패한 우크라이나/ 6
엇갈리는 세계의 시선/ 10

| 제2장 | 러시아의 위기 인식과 전쟁 선택 | 17 |

러시아는 왜 전쟁을 선택하였나?/ 19
러시아가 얻고자 하는 것들/ 25
위기의식과 대응/ 30
러시아의 우크라이나 침공이 남길 것들/ 38

| 제3장 | 자국 중심 국제질서를 강화하는 미국 | 43 |

우크라이나 사태와 미국의 대 러시아 인식/ 45
한계적이며 자제적인 미국의 대응/ 47
여전히 미국의 전략적 우선순위는 인도태평양 지역/ 57

| 제4장 | 위기관리역량 시험대 위의 EU | 61 |

EU와 러시아, 그리고 우크라이나의 삼각관계/ 63
EU의 대응: 공조와 이견 사이/ 69

| 제5장 | 딜레마 속의 중국 | 83 |

러시아와 우크라이나 사이의 중국/ 85
반미·친러의 중국 대중과 모호한 태도의 중국 정부/ 92
대만과 지정학적 중간국에게 주는 함의/ 99

차례
CONTENTS

| 제6장 | **우크라이나 사태와 엇갈리는 세계** | 103 |

동상이몽/ 105
함정들/ 109
한반도/ 112

| **참고문헌** | 119 |

제1장

러시아의 우크라이나 침공,
어떻게 볼 것인가

제1장 | 러시아의 우크라이나 침공, 어떻게 볼 것인가?

세계질서 주도권 차지를 위한 군사적 충돌

러시아-우크라이나 국경의 위기는 2021년 11월 초부터 본격화하였다. 긴장 고조에도 불구하고, 푸틴 대통령을 비롯한 러시아 고위 관리들은 일관되게 침공을 부인하였고 2022년 1월부터 시작된 러시아와 미국 및 NATO 간 협상이 진행되면서 시간이 걸리더라도 타협점을 찾을 수 있을 것처럼 보였다. 하지만 러시아는 2022년 2월 21일 지난 8년간 우크라이나 정부와 내전 상태에 있던 친러 성향의 미승인국인 루간스크 인민공화국과 도네츠크 인민공화국의 주권을 인정하고 우호·협력·상호원조조약을 체결하였다. 이는 곧 전쟁의 선언이었고 2월 24일 러시아는 침공을 개시하였다. 러시아가 내건 명분은 이들 국가의 국민 보호를 위한 우크라이나의 '비무장화(demilitarization)'와 '비나치화(denazification)'였다.

러시아의 침공은 미국이 주도하는 세계질서에 대한 도전이다. 탈냉전기 30년간 몇 차례의 화해에도 불구하고 양국은 거의 대부분의 기간에 걸쳐 갈등 관계에 있었다. 양측 모두로부터 화해의 시도가 없었던 것은 아니다. 냉전이 해체되기 직전에는 소련이, 2000년 9·11 사태 직후에는 러시아가, 그리고 2009년에는 '재설정(Reset)' 정책을 추구한 미국이 먼저 화해의 손길을 내밀었지만 번번이 협력은 지속되지 못하고 갈등이 고조되는 양상이 되풀이되었다. 미·러 갈등의 근본 원인은 냉전 해체 이후 자신의 역할과 협력의 방식에 대한 서로 다른 이해에 있다. 세계질서에 대한 미국과 러시아의 구상이 극명하게 달랐던 것이다. 미국은 탈냉전기 유일한 초강대국으로서 자신의 리더십 하에서 자유주의적 가치와 제도에 기초한 협력방식을 지향하였다. 러시아는 자신에게 미국과 동등한 파트너의 위상을 부여하면서 미국과의 협조를 통해 세계질서를 공동으로 운영해나가는 협력방식을 기대했다.

미국이 NATO 확대와 유럽 MD 체계 구축을 시도함에 따라 이러한 러시아의 기대는 이루어지지 않았다. 미국은 러시아의 영향권에서 벗어나기를 원하는 과거 사회주의권 국가들, 과거 소련의 일부였던 국가들을 대상으로 서방의 가치를 확산하고 그들을 군사동맹에 참여시켰다. 1990년대 후반에 체코, 헝가리, 폴란드가 NATO에 참여하였다. 2000년대 중반에는 불가리아, 루마니아, 슬로바키아, 슬로베니아는 물론, 과거 소련의 일부였던 발트 3국, 그리고 2000년대 후반 알바니아, 크로아티아가 NATO의 새로운 회원국이 되었다. 2008년 부쿠레슈티 NATO 정상회의에서는 향후 조지아와 우크라이나의 가입이 합의되었고, 같은 해 12월 NATO 외무장관들은 두 나라의 회원자격 조건 충족 노력을 지원하기로 했다. NATO 확대와 함께 미국 주도의 유럽 MD 체계 구축도 시작되었다. 2010년 11월 리스본 NATO 정상회의에서 회원국을 탄도미사일 공격으로부터 보호한다는 명목으로 집단방어를 위한 탄도미사일 방어 능력 개발이 결정되었다. 그후 1년 반이 지난 2012년 5월 시카고 NATO 정상회의에서는 터키에 조기경보 레이더 기지 설치 등을 포함하는 내용의 1단계 조치 완료가 선언되었다. 이어서 루마니아와 폴란드가 유럽 MD 체계 핵심 시설 배치에 동의하면서 러시아 국경 인근까지 NATO 군사시설의 전진 배치는 기정사실화되었다.

러시아는 냉전 이후의 세계질서가 결코 공정하지 못했다고 주장한다. 따라서 영토, 인구, 경제력, 군사력, 정체성 차원에서 강대국 지위를 회복하고자 러시아는 탈소비에트 지역통합, 특히 경제통합을 적극 추진하였다. 2010년 7월 러시아·벨라루스·카자흐스탄 관세동맹에 이어, 2012년 1월 러시아·벨라루스·카자흐스탄 단일경제공간, 그리고 2015년 1월 러시아, 벨라루스, 카자흐스탄의 참여로 회원국 영토에서 상품·서비스·자본·노동력의 자유로운 이동이 보장되고, 에너지·산업·농업·교통 분야 등에서 회원국 간 조정된 정책이 실현되는 유라시아 경제연합(Eurasian Economic Union)이 출범했다. 같은 해 1월 2일 아르메니아, 8월 12일 키르기스스탄이 가입 절차를 완료하면서 회원국도 5개로 늘어났다.

러시아로서는 우크라이나의 탈소비에트 지역통합 참여가 필수적이었다. 문명적 차원에서 키예프 공국이라는 동슬라브 민족 공동의 국가적 기원을 공유하는 우크라이나는 벨라루스와 함께 러시아와 분리될 수 없는 이른바 '루스키 미르(Russian World)'의 일부로 인식되었기 때문이다. 경제적 차원에서도 우크라이나는 탈소비에트 국가 중 두 번째로 인구가 많고 세 번째로 경제 규모가 크며 러시아와 통합된 산업·교통·에너지 인프라를 가지고 있었다. 무엇보다도 우크라이나의 NATO 및 EU 가입은 러시아와 서방 사이의 완충지대를 없애버린다는 점에서 탈소비에트 지역통합의 잠재적 안보위협이 될 수 있었다.

이 때문에 러시아는 2013년 말 친러 성향의 야누코비치 정부에 경제적 지원을 약속하면서 EU와의 제휴 협정 체결 중단과 러시아 주도의 관세동맹 참여를 요구하였다. 그러나 2014년 2월 야누코비치 대통령이 축출되고 친서방 성향의 과도정부가 수립되자 우크라이나 정부의 민족주의 정책에 반대하는 크림반도와 우크라이나 동부를 의미하는 이른바 '돈바스(Donbass)'의 독립을 지지했다. 더 나아가 2014년 3월 주민투표를 거쳐 크림반도를 병합하고, 2014년 4월 시작된 돈바스 내전에서 루간스크 인민공화국과 도네츠크 인민공화국을 지원했다. 따라서 러시아의 우크라이나 침공은 NATO 확대와 유럽 MD 구축을 통해 초강대국의 지위를 공고히 하려는 미국과 탈소비에트 지역통합으로 강대국 지위를 회복하려는 러시아의 우크라이나를 무대로 전개된 군사적 충돌이라고 할 수 있다.

통합된 국가정체성 확립에 실패한 우크라이나

러시아, 벨라루스, 우크라이나는 9세기 후반~13세기 중반 키예프를 중심지로 삼고 흑해에서 발트해에 이르는 광활한 지역을 차지하고 있던 키예프 공국을 공동의 국가적 기원으로 인정하고 있다. 2022년 2월 24일 루카셴코 벨라루스 대통령은 "우리는 슬라브인, 세 슬라브 민족이다. 자, 앉아서 미래의 운명을 영원히 결정하자"라고 언급하면서 러시아와 우크라이나 간 평화협상 개최를 제안하기도 했다. 13세기 중반 몽골-타타르의 침입으로 인해 키예프 공국이 붕괴하면서, 이 광활한 지역은 킵차크 칸국의 지배를 받게 되었다. 15세기 후반 킵차크 칸국에 맞서 싸우면서 모스크바를 기반으로 하는 모스크바 공국은 영토 확장을 거듭하여 러시아 제국으로 발전했지만, 오늘날 우크라이나 지역은 계속해서 다른 강대국의 지배를 받았다.

우크라이나 서부는 폴란드-리투아니아 공국의 지배를 거쳐 오스트리아-헝가리 제국과 러시아 제국에 의해 분할되었고, 이후 서부 전체가 폴란드 재분할 과정에서 러시아 제국에 편입되기도 하였다. 그러나 이 지역은 1918년 3월 브레스트-리토프스크 조약에 따라 독일, 다시 1921년 3월 리가 조약에 따라 폴란드의 지배를 받았다. 반면, 크림반도를 포함한 동부는 오스만튀르크 제국의 지배 거쳐 18~19세기에 러시아 제국에 편입되었고, 1922년 12월 소련 결성에 참여하여 우크라이나 소비에트 사회주의 공화국(Ukrainian Soviet Socialist Republic: 우크라이나 SSR)이라는 명칭으로 구성 공화국 중 하나의 지위를 차지했다. 이후 1939년 8월 독·소 불가침조약에 따라 우크라이나 서부가 우크라이나 SSR에 편입되었고, 2차 세계대전이 소련의 승리로 끝나면서 마침내 서부 국경선이 확정되었다. 따라서 1954년 소련의 구성 공화국 간 '행정구역 변경'으로 러시아 소비에트 연방 사회주의 공화국(Russian Soviet Federative Socialist Republic: 러시아 SFSR)에서 우크라이나 SSR로 이전된 크림반도를 제외하면, 오늘날 우크라이나의 국경선은 2차 세계대전 이후에야 확정되었다고 할 수 있다.

오랜 기간 다른 강대국의 지배를 받았던 우크라이나 서부와 상대적으로 이른 시기에 러시아에 편입되었던 동부는 서로 다른 정체성을 가지고 있었다. 그러나 이들 지역은 소련의 구성 공화국 중 하나인 우크라이나 SSR, 더 나아가 소련이라는 하나의 단위로 통합되었다. 1991년 12월 소련 해체로 강력한 구심력이 사라지자 잠재되어있던 정체성 갈등이 표면화되었고 독립한 우크라이나는 통합된 국가정체성을 확립하는 데 어려움을 겪었다. 우크라이나 서부는 우크라이나어를 사용하는 우크라이나인이 압도적으로 많고, 강대국의 지배를 받는 과정에서 나타난 민족주의적 정서가 강하다. 또한, 로마 교황을 수장으로 인정하지만 정교(Orthodox) 예식을 따르는 이른바 '우니아트(Uniate)'의 영향권에 속한다. 반면, 동부는 러시아어를 사용하는 인구가 압도적으로 많고, 지리적 근접성으로 인해 러시아와 경제·문화적으로 긴밀한 관계를 유지하고 있으며, 러시아 정교의 영향권에 속한다. 이 때문에 서부는 NATO 및 EU 가입을 지지하는 친서방적 성향을 보였고, 동부는 러시아와 관계 강화를 우선시하는 친러 성향이 강하게 드러난다. 특히, 크림반도는 러시아계 인구가 다수를 차지해 우크라이나에서 가장 친러 성향이 강한 지역이었다.

2014년 3월 크림반도는 러시아에 병합되었지만, '돈바스'의 루간스크주와 도네츠크주는 2014년 4월 각각 루간스크 인민공화국과 도네츠크 인민공화국이라는 명칭으로 독립을 선언하고 지난 8년간 우크라이나 정부와 내전을 벌였다. 내전이 격화되자 이를 해결하기 위해 러시아, 우크라이나, 유럽안보협력기구(OSCE)로 구성된 3자 접촉그룹 대표들과 돈바스의 두 공화국 대표들이 2014~15년 이른바 '민스크 협정'에 서명했다. '민스크 협정'의 골자는 첫째, 휴전 및 중화기 철수와 이에 대한 OSCE의 모니터링·검증, 둘째, 지방선거 시행 방식과 함께 루간스크주와 도네츠크주의 향후 체제에 대한 대화 시작, 셋째, 분쟁에 참여한 인사의 기소·처벌을 금지하는 입법 및 시행과 모든 인질·불법 구금 인사의 석방 및 교환, 넷째, 포괄적인 정치적 해결 이후 분쟁 지역 전체에서 우크라이나 정부의 국경에 대한 완전한 통제 회복, 다섯째, 루간스크주와 도네츠크주의 특성을 고려한 분권화를 핵심 요소로 규정하는 우크라이나 헌법 개정과 이들의 특별지위에 대한 입법 등이었다.

지난 8년간 '민스크 협정'은 단 하나도 이행되지 않았다. 러시아는 우크라이나 정부가 루간스크주와 도네츠크주의 특별지위 보장, 사면, 지방선거 조직 등을 이행하지 않는다고 비난하면서, 이러한 조항이 이행된 후에 국경에 대한 우크라이나 정부의 통제가 회복될 수 있다고 주장했다. 우크라이나는 지방선거 시행과 함께 루간스크주와 도네츠크주의 우크라이나로 복귀를 위한 핵심 조건으로서 국경에 대한 통제 회복, 우크라이나 언론 및 정당의 자유로운 접근 보장 등이 우선되어야 한다고 맞섰다. 그 결과 휴전 합의 위반이 반복되는 가운데 러시아는 '돈바스'의 두 미승인국을 지원하면서 우크라이나 국경 인근에서 군사훈련을 명분으로 '무력 시위'

를 계속하였다. 우크라이나는 미국을 비롯한 서방의 지원을 받으면서 NATO와 군사훈련을 이어갔다. 그 결과 러시아-우크라이나 국경 그리고 '돈바스'에서는 수시로 긴장이 고조되었고, 교전 격화로 인해 지난 8년간 약 13,000명이 사망했다. 따라서 러시아의 우크라이나 침공은 이러한 통합된 국가정체성 확립 실패를 이용하여 우크라이나에 대한 영향력을 유지하기 위해 수행된 군사적 시도라고 할 수 있다.

엇갈리는 세계의 시선

러시아-우크라이나 전쟁을 둘러싸고 세계는 엇갈려가고 전세계적 위기로 증폭되고 있다. 한편으로는 지역의 정체성 혼란과 러시아의 안보위기 대응이라는 모습을 띠고 있지만 다른 한편으로는 세계질서를 재편하고자 하는 강대국들의 복잡한 계산이 중요하게 작용한다. 이 책이 우크라이나 전쟁을 둘러싼 주요 당사국들의 엇갈린 관점을 살펴보고자 하는 이유이다. 미국과 러시아 그리고 유럽과 중국이 바로 그들이다. 우리나라를 포함하여 세계 모든 국가와 지역도 정도의 차이는 있지만 우크라이나 사태와 이해관계가 엮여있고 따라서 저마다의 다양한 관점으로 바라본다. 그러나 국제질서에 가장 큰 영향력을 갖고 있는 주요 국가들 각각의 입장을 살펴보는 것은 사태의 본질을 이해하고 향후 전개방향을 전망하는 데 유효하다. 이 책은 이들 국가를 전문적으로 연구하고 있는 연구자들이 모여 각국의 우크라이나 사태에 대한 관점을 공유하고 이를 종합하려는 시도이다.

발단은 러시아이다. 러시아의 우크라이나 침공은 21세기에도 전쟁을 통한 문제해결이 시도될 수 있음을 보여주었다. 러시아가 전쟁이라는 선택을 한 것은 매우 충격적인 일이지만 그 배경에 대한 통찰은 향후 전쟁 이후의 전개를 이해하기 위하여 가장 먼저 이루어져야 할 작업이다. 러시아는 우크라이나의 NATO 가입 시도에 따른 안보 우려를 내세운다. 자유주의적 국제주의 대 지정학적 현실주의로 요약되는 미국이 주도하는 서방진영과 러시아간의 상반된 인식, 그리고 국제질서의 구조적 변화에 대한 이해충돌이 근본적인 배경이다. 원인이 무엇이든 군사력을 사용한 무력 침공은 국제사회로부터 극심한 비난을 피하기 어려운 극단적 선택이다. 국제질서의 불확실성과 비예측성을 크게 증가시키고 대립적 세력권 간의 갈등과 대립도 한층 심화시킬 것이다. 푸틴 체제의 앞날과 국내정치적 안정성에도 상당한 불확실을 초래할 가능성도 있다. 그럼에도 불구하고 러시아는 우크라이나 지역을 국제적 위상을 보장하는 지정학적 기반으로서 결코 양보할 수 없는 대상으로 간주하고 있다. 또한 이를 기반으로 소련 붕괴 이후 불리한 유럽·대서양 안보지형을 근본적으로 재편하고 세계질서를 다극화하고자 한다.

미국은 이번 사태를 통해 러시아가 유럽·대서양 지역 안보의 측면에서 무시할 수 없는 상대임을 재확인하게 될 것이지만, 이 사태는 가치외교와 동맹의 복원을 강조해온 미국의 전략에 적극 활용할 수 있는 기회를 제공한 측면도 있다. 어쨌든 오랜 기간 답보 상태의 미·러 관계는 우크라이나 사태로 인하여 대전환을 맞았다.

그럼에도 불구하고 미국이 인도태평양에 대한 전략적 우선순위를 바꿀 가능성에 대해서는 아직 대체로 회의적이다. 이는 미국이 인식하는 러시아의 위상과 관련되어 보인다. 미국은 러시아가 국제질서와 구조의 변화를 야기할 수준은 아니며, 다만 변화된 바탕으로 국제사회에 영향력을 확대하려는 행위자 정도로 간주한다는 것이다. 실제로 금번 러시아의 우크라이나 침공은 국제체제의 질서를 변화시켰다기보다는 오히려 위축되고 있던 규범기반 질서를 공고화하고 민주주의 국가들간의 연대를 강화시키는 계기가 되고 있다. 그래서인지 우크라이나 사태에 대한 미국의 태도는 한편으로는 분명하지만 다른 한편으로는 의아한 점이 없지 않다. 미국이 충분히 자제하는 입장을 유지하면서 우크라이나에 대한 지원과 유럽 내 동맹국들의 억제력 강화를 위한 조치에 그치고 있다. 어쩌면 관심사는 글로벌 공급망에 대한 부정적인 영향에도 불구하고 대러제재의 수위를 어느 수준까지 끌어올릴 것이며 서방진영이 얼마나 동참할 것인가에 맞추어져 있는 듯도 하다.

전장이 EU의 바로 앞마당에서 벌어짐에 따라 EU로서는 매우 어려운 위기에 직면하였다. 유럽대륙에 영구적인 평화정착을 위한 목적으로 유럽통합이 추진되었다는 점에서 유럽의 미래에 심각한 도전이 아닐 수 없다. 유럽의 안보 지형 변화에 EU가 어떻게 관여하고 대응능력을 발휘할지 귀추가 주목된다. 과거 유럽대륙에서 벌어졌던 일련의 안보 위기 상황에 EU는 적절한 대응을 하지 못했고, 그때마다 EU의 외교·안보·방위 분야의 통합 필요성이 제기되었으나 특별한 성과를 거두지는 못했다. 향후 EU의 행보뿐만 아니라 유럽 안보 구조의 재편에 변곡점이 될 수도 있다. EU가 안보 위협의 가장 직접적인 대상임에도 불구하고 사실상 미국조차 EU를 무시하고 우크라이나 문제를 처리하는 모습이다. 우크라이나 사태가 EU에게 전하는 가장 핵심적인 교훈은 EU가 실질적인 방위 및 안보 행위자로서 진화할 수 있는가에 대한 문제로 보는 이유이다. EU가 추구하는 '유럽 질서(European Order)'는 국가의 규모에 상관없이 주권적 평등과 무력 사용의 반대라는 원칙에 기반한다. 이러한 유럽 질서를 구현하기 위해서는 러시아에 대한 새로운 정의와 이를 바탕으로 하는 EU의 러시아 정책이 필요함을 우크라이나 사태가 극명히 보여 주었다. 그러나 유럽의 안보와 방위 정책 수립 논의 자체가 일종의 '금기 사항(taboo)'처럼 여겨지고 여전히 유럽 안보 논의의 핵심에는 미국이 있다. 회원국들 대다수 역시 외교안보정책의 권한을 초국가적 기구인 EU에게 넘기길 꺼리는 것도 현실이다. 우크라이나 사태는 EU로 하여금 주도적인 유럽의 안보 질서 구축의 필요성과 동시에 그 장애물에 대한 현실적 자각을 동시에 던지고 있다.

우크라이나의 수도 키이우는 베이징으로부터 매우 멀리 떨어져 있지만 중국의 지정학적 이해관계는 매우 크다. 동시에 중국과 러시아 양국의 협력관계가 압도적으로 확대되었다. 중국이 우크라이나 사태에 지속적으로 중립적인 태도를 보이는 배경이다. 중국은 러시아에 대한 경제 제재에는 반대하면서 우크라이나에 대한 인도적 지원과 협상을 통한 종전을 주장하는 입장을 견지하였다. 러시아와 서구가 충돌하는 동안 중국의 경제와 안보에 대한 피해를 최소화하고자 하는 것이다. 달리 말하면 중국은 매우 큰 딜레마에 빠졌다고 볼 수 있다. 러시아와 우크라이나로부터의 식량 및 에너지 수입, 우크라이나와의 일대일로 협력, 우크라이나를 통한 유럽 진출 등이 필요한 상황이기 때문이다. 중국이 보이고 있는 중립적 또는 전략적 모호성을 이해할 수 있는 배경이다. 중국에 있어서 우크라이나 사태가 갖는 미묘한 측면은 바로 대만과의 양안관계와 관련한 것이다. 실제로 러시아의 우크라이나 침공 발생 초기에 대만 사회는 매우 긴장한 것으로 보였다. 중국의 대만 침공이라는 상상이 현실화할 수 있다는 불안은 이해할 만하다. 대만은 러시아와 중국의 세력 팽창을 막기 위한 교두보이자 전략 수단이며 반도체로 대표되는 대만의 위상이 상승하였기 때문에 미국의 방어의지는 우크라이나 보다 훨씬 높을 것이라는 것이 지배적인 관측이다. 그럼에도 불구하고 지정학적으로 중간에 위치한 대만 과 한국과 같은 국가들은 안보위기에 대한 현실적 재평가가 불가피한 시점을 맞이 하였다. 중국 역시 우크라이나 사태를 미국의 개입 여부 등과 관련하여 양안관계에 대한 일종의 리트머스 시험지로 보고 있을 것이다.

우크라이나 사태는 현대의 국제질서가 돌발적인 계기로 그 취약성이 적나라하게 드러날 수 있음을 보여 준다. 전쟁 그 자체가 가져오는 비인도적이며 비극적 현실에 대한 분노와 공감이 전세계를 휩쓸고 경각심을 새삼 일깨운다. 여전히 우크라이나 사태 이후 국제질서가 어떻게 진행될 것인지는 미지수이다. 미래에 대한 극심한 예측불가능성으로 세계 각국이 떠안아야 할 안보적 경제적 비용도 그 규모를 가늠하기 힘들 뿐만 아니라 대체로 약소국들에 불평등하게 지워진다. 전쟁에 대하여 엄중히 비판하고 사태해결을 위한 국제적 노력은 매우 필요하다. 그러나 더 중요한 것은 전쟁을 예방하고 평화를 현명하게 지켜야 한다는 매우 평범하고도 중요한 교훈이다. 이 책이 우크라이나 사태의 핵심 이해당사국의 관점을 분석하는 것도 이러한 차원의 작은 노력이다.

제2장

러시아의 위기 인식과
전쟁 선택

제2장 러시아의 위기인식과 전쟁 선택*1

러시아는 왜 전쟁을 선택하였나?

2021년 11월부터 시작된 우크라이나 위기는 급기야 2022년 2월 24일 러시아의 우크라이나 침공으로 완전히 새로운 국면에 접어들었다. 이 글을 쓰고 있는 시점에도 우크라이나 위기 상황은 한 치 앞을 예상할 수 없을 만큼 긴박하게 전개되었다. 우크라이나 북부, 동북부, 동남부, 남부 지역에서 러시아군의 공세가 지속되었고, 민간인을 비롯해 양국군 사상자가 지속하여 확대되었다. 무엇보다 러시아의 우크라이나 침공은 당사국들은 물론, 유럽·대서양 안보 지형, 국제질서의 구조적 변화 등과 관련하여 큰 의미를 갖는다. 이번 위기는 우크라이나의 NATO 가입 문제에 대한 러시아의 안보 우려가 직접적 원인이지만, 자유주의적 국제주의와 지정학적 현실주의의 틀에 기초한 국제질서의 구조적 변화에 대한 강대국들의 상반된 인식과 이해충돌이 근본 원인이다. 따라서 이번 전쟁을 이

---

*1 본 장은 집필을 담당한 장세호의 "러시아의 우크라이나 침공 분석과 전망: 러시아의 인식, 목표, 전략,"「INSS 전략보고」157호(2022)을 발췌·보완한 것이다.

해하기 위해서는 핵심 당사자이자 대립 관계의 일축인 러시아의 인식과 전략에 주목할 필요가 있다. 특히 러시아가 우크라이나 문제에 대해 과연 어떤 인식을 갖고 있었으며, 어떤 배경 하에서 위기의 조성과 심화의 길을 선택하게 되었는지 설명되어야 한다. 또한 러시아가 이번 위기 과정에서 얻고자 했던 것은 과연 무엇이었으며, 이를 달성하기 위해 어떤 전략을 수립하고 구사했는지를 알아야 한다.

러시아는 소련 붕괴 이후 미국과 NATO가 일방적·지속적으로 동진·팽창하면서 자국에 대한 안보를 심각하게 위협하고 있다고 인식해왔다. 러시아는 미국과 NATO가 독일 통일 과정에서 행해진 동독 오른쪽으로의 확대 금지에 대한 구두 약속을 어기고, 자국의 지속적인 우려와 반대를 무시한 채 '5차례'에 걸쳐 팽창·확장을 거듭해왔다고 판단하고 있다. 1장에서 언급한 바와 같이 NATO는 1999년 폴란드, 체코, 헝가리(1차), 2004년 불가리아, 에스토니아, 라트비아, 리투아니아, 루마니아, 슬로바키아, 슬로베니아(2차), 2009년 알바니아, 크로아티아(3차), 2017년 몬테네그로(4차), 2020년 북마케도니아(5차) 등 중동유럽 국가들을 추가로 가입시키는 조치를 단행했다. 그뿐만 아니라, 미국은 2008년 부쿠레슈티 NATO 정상회의에서 구소련 구성공화국이었던 우크라이나와 조지아의 NATO 가입 구상을 발표함으로써 러시아의 우려를 증폭시켰다. 특히 러시아는 NATO가 자국을 '직접적 위협'으로 간주하고 있는 가운데 역사·문화·전통을 공유하고 있는 지정학적 요충지인 우크라이나의 가입을 획책하고 있다며 강한 분노를 표출했다.

이와 함께, 러시아는 미국과 서방 세력이 1997년과 2002년 합의 등에서 명시한 '안보 불가분성'의 원칙을 심각하게 훼손하고 있다고 본다. 실제로 NATO는 러시아의 안보 우려를 완화하기 위해 1997년 「상호관계·협력·안보기본조약」을 체결하고, 2002년 「NATO-러시아이사회」를 창설한바 있다. 그러나 러시아는 이 같은 신뢰 강화를 위한 양측의 합의에도 불구하고, NATO가 1999년 「유럽안보헌장」 등 여러 공식 문서를 통해 합의한 '안보 불가분성'의 원칙을 심각하게 훼손하고 있다고 주장한다.[2] 러시아는 NATO의 지속적인 동진, 코소보 독립 승인, 탈소비에트 공간에서 '색깔혁명'(color revolution) 지원 등을 그 실질적 사례로 거론하고 있다. 예컨대, 미국과 서방은 2008년 2월 코소보의 세르비아로부터의 독립을 적극 지원하고 승인했는데, 당시 러시아는 이에 강력한 반대 입장을 표명했고 푸틴은 이를 추후 서방 세계에 커다란 후과를 남길 "끔찍한 선례"라고 맹비난한 바 있다. 실제로 러시아는 2014년 크림반도 병합과 2022년 돈바스 지역 두 개 공화국의 승인 과정에서 이 같은 경고를 동일한 논리로 현실화했다.

러시아의 현 집권세력은 우크라이나의 급진적 민족주의 경향의 친서방 세력이 쿠데타를 통해 권력을 차지하고, 미국의 꼭두각시로서 자국에 대한 부당한 포위·압박 정책에 협조 또는 앞장서고 있다고 바라본다.[3] 러시아는 근대 국가의 체모를 갖추지 못했던 우크

---

[2] 여기서 '안보 불가분성' 원칙은 "누구도 다른 나라의 안보를 희생하여 자신의 안보를 강화해선 안 된다" 것을 의미한다.

[3] Владимир Путин, "Об историческом единстве русских и украинцев,"

라이나를 현재의 모습으로 만든 것은 소련이었으며, 이런 점에서 역사·문화·전통의 관점에서 자국의 일부로 바라본다. 적어도 우크라이나를 그들과 가장 가까운 나라이자 '제2의 나'로 인식하는 경향이 강하다. '변경'을 의미하는 우크라이나라는 명칭이 보여주듯, 러시아는 우크라이나를 통해 그들의 위치를 평가하고 변화의 의미를 찾았다. 우크라이나는 말 그대로 타자가 아닌 러시아의 또 다른 자아, 즉 '우리'였다. 실제로 러시아 사회와 역사학계는 이 같은 인식과 논리를 보편적으로 받아들이는 듯하다.[*4] 그러나 2013~2014년 유로마이단 시위 이후 우크라이나가 외부 통제를 받는 꼭두각시 식민지 정권의 통치 하에 노골적인 반(反)러 정책을 구사하고 있는데 대해 강한 배신감을 느껴왔다. 더욱이 최근 수년간 우크라이나가 NATO 가입을 추진하고, 민스크 평화협정을 준수하지 않으며, 심지어 자체 핵무기 개발까지 공언하고 있기 때문에 더 이상 이를 용인할 수 없다는 것이다.

러시아는 우크라이나가 민스크 평화협정을 위반해 돈바스 지역에 대한 침공과 장악을 지속적으로 시도해왔다고 본다. 2014년 3월 러시아의 크림 병합 이후 우크라이나 동남부 돈바스 지역의 두 개 주(도네츠크주와 루간스크주)가 분리·독립을 선언함에 따라 정부군과 반군 사이의 내전이 발발했다. 이후 2015년 2월 러시아,

---

http://www.kremlin.ru/events/president/news/66181; Владимир Путин, "Обращение Президента Российской Федерации,"
 http://www.kremlin.ru/events/president/news/67828
 (검색일: 2022.02.22.).

[*4] 이문영, "형제국가들의 역사전쟁: 우크라이나 사태와 러시아의 크림반도 합병의 기원," 『역사비평』, 2015.8 (2015), pp.428-429.

우크라이나, 프랑스, 독일이 참여하는 '노르망디 형식 회담'을 통해 제2차 민스크 평화협정 체결했다.[5] 당시 '접촉그룹'(OSCE, 러시아, 우크라이나, 도네츠크·루간스크인민공화국 대표로 구성)은 돈바스 지역에서의 교전 중단, 비무장지대 조성을 위한 중화기 철수, 개헌을 통해 돈바스 지역에 광범한 자치권 부여를 골자로 하는 휴전 협정에 서명했다. 하지만 당시 불리한 전황 하에서 휴전 협정을 체결한 우크라이나가 이에 불만을 갖고 끊임없이 현상변경을 시도하고 있다고 판단해왔다.

이러한 배경을 감안하더라도 러시아 전쟁이라는 극단적 위기상황을 조성한 이유는 무엇일까? 다음의 두 가지를 추론해 볼 수 있다. 첫째, 러시아는 2021년 3~4월 우크라이나 위기와 6월 제네바 미·러 정상회담을 통해 바이든 정부의 '합리성'을 확인한 것 같다. 우크라이나는 2021년 초 자국에 우호적인 미국 바이든 정부가 출범하고, 아제르바이잔이 나고르노-카라바흐 전쟁에서 승리하는 것을 지켜보며 상당한 자신감을 획득했다. 이에 2021년 봄 우크라이나는 젤렌스키 정부의 국정운영 동력 확보와 재선 잠재력 확대 필요성, 미국 신정부 출범에 즈음한 '몸값 높이기', 미/서방에 실질적 지원 필요성 강조 기회로 활용, 러시아의 미/유럽 관계 손상 유도, 보다 유리한 조건으로 기존 휴전협정 갱신에 대한 기대 등 국내·대외 효과를 염두에 두고 도발을 감행했다.[6] 이 같은 상황에서 러시

---

[5] 제성훈, "위기에 맞선 공세적 대응," 『2015 RUSSIA REPORT: Issues & Analysis』 (용인: 한국외대 러시아연구소, 2016), p.55.

[6] Дмитрий Тренин, "Военная тревога. Что вызвало и к чему приведет обострение с Украиной," *Московский Центр Карнеги*, 13.04.2021.

아는 2021년 3~4월 우크라이나가 돈바스 침공과 장악을 실질적으로 모색하고 있다고 판단하고, 우크라이나 국경에 대규모 병력과 장비를 배치해 무력시위를 단행했다. 이를 통해 발생한 2021년 위기의 해소를 위해 동년 6월 스위스 제네바에서 미·러 정상회담이 개최됐다. 이를 계기로 러시아는 바이든 정부 외교·안보 의제의 주변부에서 중심으로 이동했으며, 우크라이나에 대한 군사적 압박의 효용성과 바이든 정부의 '합리성'을 확인한 것으로 판단된다. 당시 바이든 정부는 예측불허의 트럼프 정부와 달리 이성(합리성)에 기초한 상황 관리와 안정적이고 예측 가능한 양자관계의 구축 의지와 경향을 보였다.

둘째, 러시아는 2021년 7~8월 미국의 아프가니스탄 철군 과정에서 미국의 국제적 영향력 축소 경향과 국제질서의 다극화 경향을 확인했다. 2021년 4월 바이든 정부는 9.11까지 아프가니스탄 주둔 미군의 철수에 대한 계획을 발표하고, 7월 8일 동년 8월 말까지 철수를 완료겠다고 선언했다.[7] 그러나 탈레반 세력의 예상치 못한 카불 점령과 정연하지 못한 철군 과정에서 상당한 혼란이 발생했으며, 미국의 무책임과 무능력, 국제적 리더십에 대한 의문도 폭넓게 제기됐다. 이은 미·중 전략경쟁으로 대변되는 국제질서의 구조 변화 추세와 과도기적·전환기적 국제질서의 현주소를 여실히 증명하는 상징적 모습이었다. 더불어 동 상황으로 말미암아 바이든 정부는 심각한 국내적 비판과 상당한 지지율 하락에 직면했다. 이

---

[7] 김정곤, 허재철, 손성현, 권혁주, 백종훈, 장윤희, 김초롱, 김민희, "미국의 아프가니스탄 철군에 대한 인접국의 대응 및 전망," 「KIEP 세계경제포커스」 Vol. 4 No. 48 (2021), p. 3.

에 러시아는 우크라이나가 유사한 도발을 감행할 경우 군사력을 동원한 압박 수단을 적극적·공세적으로 사용하여 자국의 안보 이익의 극대화 계기로 활용할 가능성을 검토한 것으로 판단한 것으로 보인다.

러시아가 얻고자 하는 것들

러시아는 2021년 12월 15일 미국, NATO, OSCE에 상호 간의 안전보장에 관한 협정안을 제시했다. 하지만 미국과 서방은 2022년 1월 26일 러시아의 요구에 양보하기보다는 기존의 원칙적 입장을 유지하는 답변서를 전달했고, 오히려 대(對)러 제재 등 대응책을 구체적으로 열거하면서 경고와 압박을 한층 강화하는 조치를 취했다. 스페인 매체 El Pais에 따르면, 미국과 NATO는 안전보장에 대한 러시아의 주요 요구를 거부하면서도, 군사적 사고 예방과 신뢰 구축 조치, 군비통제 등과 관련하여 대화할 준비가 돼 있다고 응답했다.[8] 이에 푸틴 대통령은 2월 1일 빅토르 오르반 헝가리 총리와의 회담 후 기자회견에서 미국과 NATO의 답변을 면밀히 분석하고 있으나 기본적으로 자국의 근본적 우려가 무시됐다며 불만을 표현했다.[9] 이후 러시아는 2월 17일 자국의 입장과 요

---

[8] "Два ответа с приветом," *Коммерсантъ*, 02.02.2022.

[9] "Президент РФ заявил, что Запад проигнорировал основные темы в сфере безопасности," *Итерфакс*, 01.02.2022.

구사항을 다시 정리해 재차 미국에 공식 전달했다.

러시아가 2021년 12월 17일 미국에 제안한 「러미안전보장협정」 초안은 전문과 8개조로 구성돼 있으며, 핵심 내용은 아래와 같다.[10]

- 미국은 NATO의 추가 동진 배제, 탈소비에트 국가들의 NATO 가입 거부, NATO 회원국이 아닌 탈소비에트 국가들의 영토에 군사기지 불(不)설치, 이들 국가와의 양자 군사협력 차원에서 군사 활동 수행을 위한 군사 인프라 (不)사용의 의무를 지닌다(4조).
- 각 당사국은 자국 영토를 제외하고 상대국이 국가안보에 대한 위협으로 인식할 수 있는 지역에 국제기구, 군사동맹, 연합의 틀에서 군대와 무기를 배치하지 않는다(5조).
- 각 당사국은 상대국 영토의 목표물을 타격할 수 있는 지상 기반 중단거리 미사일을 자국 영토와 그 외부 지역에 배치하지 않는다(6조).
- 각 당사국은 자국 영토 외부에 핵무기를 배치하지 않고, 협정 발효 시 영토 외부에 배치된 핵무기를 자국으로 소환하며, 그 기반 시설을 제거한다(7조).

이와 함께, 러시아가 2021년 12월 17일 NATO에 제안한 「러·NATO안전보장협정」 초안은 전문과 9개 조로 구성돼 있으며, 핵심 내용은 아래와 같다.[11]

---

[10] Министерство иностранных дел РФ. "Договор между Российской Федерацией и Соединенными Штатами Америки о гарантиях безопасности," 17.12.2021. https://mid.ru/ru/foreign_policy/rso/nato/1790818/?lang=ru (검색일: 2022.02.22)

[11] Министерство иностранных дел РФ. "Соглашение о мерах обеспечен

- 러시아와 1997년 5월 27일 기준 NATO 회원국이었던 모든 체약국은 동 시기까지 배치된 것을 제외하고 자국의 군대와 무기를 모든 다른 유럽 국가에 배치하지 않는다(4조).
- 체약국은 다른 체약국 영토에 있는 목표물을 타격할 수 있는 지상 기반 중단거리 미사일을 배치하지 않는다(5조).
- 체약국은 우크라이나 등 다른 국가의 가입과 같은 NATO의 추가 확장을 배제한다(6조).
- 체약국은 우크라이나, 기디 등유럽 국가들, 트랜스코카시아, 중앙아시아에서 군사 활동을 수행하지 않는다(7조).

마지막으로, 러시아는 2월 17일 미국의 답변에 대한 재답변서를 전달했으며, 핵심 내용은 상기 두 조약안에 담긴 내용을 재확인하는 것이었다.

첫째, '우크라이나 문제'와 관련하여 민스크 협정의 엄정 준수와 즉각적인 NATO 가입 철회와 중립화를 요구했다. 이와 관련하여, 우크라이나의 DPR과 LPR 당국과의 직접 대화 추진과 돈바스 지역의 특수지위에 대한 법적 보장 조항의 철저한 이행을 촉구했다. 또한, 미국과 NATO에 우크라이나와 조지아(러시아명 그루지야)가 NATO 회원국이 될 것이라는 2008년 부쿠레슈티(루마니아) 성명의 철회를 요구했다. 유사한 맥락에서, 푸틴 대통령은 1월 15일 독

ия безопасности Российской Федерации и государств-членов Организации Североатлантического договора," 17.12.2021.
https://mid.ru/ru/foreign_policy/rso/nato/1790803/?lang=ru
(검색일: 2022.02.22)

일 숄츠 총리와의 정상회담 후 "(미국과 서방이) 우크라이나가 당분간은 NATO에 가입할 수 없다고 말하지만 이 같은 말은 우리에겐 아무런 의미도 없다"면서 "바로 지금, 가까운 시간 안에 협상 과정을 통해 이 문제를 해결하고 싶다"고 강조한 바 있다. 또한 푸틴 대통령은 2월 22일 러시아 상원으로부터 해외 파병 승인을 받은 뒤 '우크라이나 위기'를 해결하는 최선의 해법은 그들이 NATO 가입 야망을 포기하고 중립국으로 남는 것이라고 강조했다.

둘째, 유럽 안보 문제와 관련하여 NATO의 추가 확장 포기와 NATO 군자산의 1997년 이전 수준으로의 복귀를 재차 요구했다. 마찬가지로 푸틴 대통령은 2월 15일 러독 정상회담 후 기자회견에서 유럽 안보 문제는 반드시 NATO 확장 금지 등 러시아의 안전보장 요구와 함께 논의돼야 하며, 중단거리 미사일 문제를 포함한 안보 이슈에 대해 서방과 대화를 계속할 준비가 돼 있다고 언급했다. 그는 긴장 완화를 위해 미국과 NATO에 대(對)우크라이나 무기 공급 중단과 철수, 군사고문단 철수, 연합훈련 중단을 요구했다.

따라서 러시아의 요구사항은 크게 다음의 네 가지로 요약할 수 있다. 첫째, '안보 불가분'의 원칙에 근거해 러시아의 근본적 안보 이익을 보장하라는 것이다. 둘째, 우크라이나를 비롯한 탈소비에트 국가들의 가입 등 NATO의 추가 확장을 중지하라는 것이다. 셋째, NATO가 「러시아·NATO기본조약」이 체결된 1997년 5월 27일 이전 상황으로 군대와 무기를 재배치(철수)하라는 것이다. 넷째, 상호 지상 기반 중단거리 미사일 등 공격무기 배치를 금지(2019년 폐기된 미·러 간 INF 조약의 복원과 유럽지역으로의 확장)하라는 것이다.

결국, 앞에서 논의한 러시아의 상황 인식과 요구사항을 종합해 볼 때 러시아는 이번 위기 국면에서 다음과 같은 목표를 추구하고 있는 것으로 분석된다.[12]

첫째, 우크라이나의 돈바스 지역에 대한 무력 진압 방지, 우크라이나의 NATO 가입 저지를 통해 강대국 위상의 유지·강화를 위한 '지정학적 기반'을 수호하고자 한다. 러시아는 냉전기 초강대국에서 소련 붕괴 후 3류 국가로 전락했던 경험을 갖고 있으며, 각고의 노력 끝에 강대국 지위를 회복한 바 있다. 그들에게 소위 '근외(近外, near abroad) 지역'은 이 같은 국제적 위상을 보장하는 지정학적 기반으로서 결코 양보할 수 없는 대상이다. 특히 이번 사태와 관련하여, 러시아에 우크라이나의 돈바스 지역 무력 진압과 NATO 가입은 반드시 저지해야 하는 1차적 목표라고 할 수 있다.

둘째, 소련 붕괴 이후 그동안 자국에 불리하게 기울어진 유럽·대서양 안보지형을 근본적으로 재편하고자 한다. 러시아는 소련 붕괴 이후 지난 30년간 미국과 서방이 NATO의 지속적 동진, 일방적인 군비통제 조약 탈퇴, 가치를 앞세운 내정 개입과 체제 전복 시도 등을 통해 자국(또는 그 세력권)의 주권과 안보를 심각하게 위협해왔다고 인식하고 있다. 따라서 그들은 우크라이나에 대한 높은 수준의 강압 능력을 바탕으로, 자국이 유럽·대서양 지역의 안보

---

[12] 장세호, "국제질서의 변동에 대한 미중 대결 중심 시각의 한계와 우크라이나 위기," 「INSS 이슈브리프」 326호(2022), pp.2-3.

질서를 결정하는 핵심 행위자라는 사실을 환기시키고자 희망한다. 이를 바탕으로, 소련 붕괴 이후 그동안 자국에 불리하게 기울어진 유럽·대서양 안보지형을 근본적으로 변경하려는 것이다.

셋째, 자국의 이해가 가장 효과적으로 반영될 수 있는 구조인 다극질서로의 이행 경향성을 강화하고자 한다. 러시아는 미국 중심의 일극질서가 자국의 국가이익 달성에 도움이 되지 않는다고 판단한다. 이 때문에 그들은 중국과의 전략적 제휴 등을 통해 이러한 질서의 해체와 다극적 국제질서의 구축을 지속적으로 도모해왔다. 러시아의 입장에서 다극질서가 미국과 중국에 비해 제한된 역량과 잠재력을 가진 그들의 이해를 가장 효과적으로 반영할 수 있는 구조이기 때문이다. 즉 그들의 입장에서 이번 위기는 주요 강대국 간의 상호 이해가 효과적으로 반영·조정되는 구체적 사례여야 하며, 새로운 관행이 만들어지는 출발점이 될 필요가 있다.

위기의식과 대응

러시아가 이번 위기 과정을 통해 설정한 목표는 매우 야심찬 것으로 결코 쉽지 않은 과제이다. 이 때문에 러시아는 매우 정교하고 촘촘하게 전략을 설계했을 것이며 이에 기초해 '담대한 기획'을 현실로 전환시키고자 했을 것이다. 특히 그 과정에서 자국이 갖고 있는 가용 자원을 총동원하고 시점에 맞게 적절히 분배하여 상대를 지속적으로 압박하고자 했다. 대체로 러시아는 위기 전개 과정의 성격에 따라 다음의 두 가지 전략을 구사해오고 있는 것으로 분석된다.

먼저, 러시아는 외교적 관여를 추구하는 단계에서는 '비예측성 극대화' 전략을 구사했다. 모든 게임은 상대가 있고, 러시아가 마주하고 상대는 현 질서를 주도하고 있는 미국과 서방 주요국들과 같은 거대 행위자들이다. 따라서 상대를 협상과 타협의 장으로 끌어내고, 최대한의 양보를 얻어내기 위해서는 소위 '비예측성'을 극대화할 필요가 있다. '비예측성 극대화' 전략은 그 구조상 합리적 행위자를 상대로 하되 자신은 철저히 비합리적인 행위자로 보여야 한다. 상대가 사태의 전개를 결코 예측할 수 없도록 지속해서 판을 흔들어야 효과 발생하는 구조인 것이다. 실제로 '벼랑 끝 전술' 또는 '광인(狂人) 전략'은 모두 이처럼 행위 구상 주체의 비합리성과 상황 전개에 대한 비예측성을 고조시키는 방식이다. 이러한 '비예측성 극대화' 전략에 기초하여 2021년 11월부터 2022년 2월 17일 무렵까지 위기를 '상향식'으로 고조시켰다.[13] 그들은 2021년 봄과 마찬가지로 우크라이나의 돈바스 군사적 도발에 대해 대규모 군병력을 러·우 국경 지역에 배치함으로써 일거에 국제적 관심을 끌어 모았다. 미국과 서방 세력이 러시아에 군사적 긴장 완화를 요구하자, 오히려 미국, NATO, OSCE에 서면으로 안보 조치 조약안을 제시하면서 의제와 국면의 확장을 도모했다. 동시에 러시아는 단독·연합 군사훈련 시행, 극초음속 미사일을 비롯한 신무기 시험,

---

[13] 2월 17일은 돈바스 지역에서 정부군과 반군 간 교전이 발생하고, 서로 선제공격 공방이 벌이진 시점이다.

전략자산의 강화·운용, 유럽으로의 가스 공급 축소, 사이버 공격 등과 같은 군사적·비군사적 수단을 동원하여 압박을 강화했다.

국내외 학술·정책 공동체 일각에서 푸틴이 처음부터 우크라이나에 대한 군사적 침공을 계획하고서도 단지 그 명분을 얻기 위해 그동안 대화 자세를 취해온 것이 아닌가 하는 의문을 제기한다. 그 가능성을 완전히 배제할 수는 없지만 지난 3개월간의 과정을 살펴볼 때 푸틴이 처음부터 우크라이나 침공을 목표로 했다는 증거는 명확하지 않다. 그랬다면 오히려 우크라이나는 물론, 미국과 서방이 전혀 준비를 하지 못했을 때 군사적 침공을 단행하는 것이 훨씬 효율적이었을 것이기 때문이다. 더욱이 아무리 호전적인 지도자 또는 정치세력도 전쟁이 불러올 수 있는 파괴적 결과에 대해 고려치 않고 외교적 관여의 단계를 건너뛰면서 바로 군사행동에 돌입하는 경우는 흔치 않다. 마찬가지로 러시아가 미국과 서방에 안보조약안을 제안하고, 상대와 연쇄회담을 갖고, 공식적 문서를 수신·검토하는 과정에서 보여준 자세와 태도도 이를 뒷받침 한다. 결국, 러시아의 전략적 선택지 가운데 군사적 수단의 직접 동원(우크라이나 침공)은 분명히 존재했겠지만, 그것이 우선순위의 앞보다는 뒤에 있었을 것으로 판단하는 것이 합리적 추론일 것이다.

러시아가 외교적 관여 단계에서 적극적으로 '비예측성 극대화' 전략을 구사한 것은 상대가 전쟁 의지를 갖고 있지 않다고 확신했기 때문으로 판단된다. 실제로 바이든 대통령이 공식적으로 언급한 바와 같이, 미국이 러시아-우크라이나 간 군사적 충돌 상황에서도 우크라이나에 자국 병력을 투입할 가능성은 거의 없었다. 우크라이나가 미국의 사활적 이익 지대의 범주에 속하지 않고, 형식상으로도 자국의 개별 동맹국 또는 NATO 회원국 지위를 갖고 있지 않기 때문이다. 더욱이 이러한 조치가 러시아와의 직접적인 충돌을 야기할 수 있고, 세계대전으로 비화할 가능성이 크기 때문이다. 마찬가지로 우크라이나가 먼저 국지적 도발을 감행하거나 러시아의 도발에 정면 대응할 가능성은 크지 않았다. 우크라이나가 사태 초기의 강경했던 태도와 달리 긴장 고조 국면에서 자국이 실제로 파괴적 전쟁의 무대가 될 가능성이 커지가 극도로 긴장하고 있있기 때문이다. 즉 러시아는 미국과 우크라이나를 상수로 만들고, 자국만이 변수가 되려는 것, 즉 연쇄 반응(chain reaction) 게임에서 확실하게 주도권을 획득할 수 있다고 판단하였다.

미국/NATO와 대화를 통한 타협 가능성이 희박해졌다고 판단되자 러시아는 준비된 두 번째 전략을 가동하기 시작했다. 앞서 언급한 것처럼, 미국은 러시아의 안보협약안의 핵심 요구 사항을 수용하지 않은 채 지엽적 사항에 대한 협의와 개선을 제안했다. 미국은 이례적으로 2월 16일을 특정해 러시아가 우크라이나를 침공할 것이라고 단언하고, 해당 정보를 동맹국·우방국을 비롯해 전 세계에 적극적으로 유통했다. 이런 맥락에서 바이든 대통령은 한 발 더 나가 2월 18일 "러시아가 우크라이나 침공을 결심했다고 확신한다"며 수일 내에 전쟁이 일어날 것이라고 재차 경고하면서 러시아에 대한 압박을 강화했다. 이 같은 미국의 침공일 기정사실화는 압박을 통한 러시아의 침공 저지, 자기보호 논리 구축, 동맹·우방국의 결속 강화, 우크라이나에 대한 압박 차원에서 행해진 '경고 극대화' 전략의 표현으로 분석된다.

미국은 위기 초부터 러시아가 우크라이나에 대한 침공을 감행할 시 전례 없는 제재에 직면할 것이라고 경고했으며, 위기 고조 국면에서 EU와 주요 동맹국과 함께 세부적 대(對)러 제재 조치를 공개했다. 이처럼 미국과 NATO가 양보의 의사를 보이지 않고 오히려 러시아의 침공일을 공식화하는 등 압박을 강화하자 러시아는 '과감한 실력행사' 전략으로 전환함으로써 설정한 목표 달성을 추구했다. 이후 러시아는 2월 21일 도네츠크인민공화국(DPR)과 루간스크인민공화국(LPR) 승인, 2월 22일 돈바스에 평화유지군 파견 선언, 2월 24일 돈바스 특별작전 수행과 우크라이나 침공의 과정을 거치며 본격적으로 군사력 투사에 들어갔다.

러시아가 '과감한 실력행사' 전략으로 전환하여 우크라이나에 대한 군사력 투사를 시작한바 향후 전망을 논의하는 데 있어 여러 변수의 복합적 작용을 고려할 필요가 있다.

첫 번째 변수와 관련하여 다음의 네 가지 세부 목표를 상정할 수 있다. 우크라이나 전역, 드네프르강 동안 지역, '노보로시야' 지역, 돈바스 지역 이상 네 지역이 지역적 범주로서 유용해 보인다.[14] 최소목표는 현재 2월 21일 DPR과 LPR의 승인, 2월 24 특수작전 수행 선언을 통해 장악을 완료한 돈바스 지역이다. 차소목표는 흑해 북부와 우크라이나 동남부에 소재한 '노보로시야' 지역이다. 차대목표는 친러 성향이 강한 우크라이나의 드네프르강 동안

---

[14] 고재남, "러시아·우크라이나 전쟁위기: 전쟁과 시사점," 한양대 아태지역연구센터 & 유라시아정책연구원 공동 세미나 자료집 2022.01.18. (2022), p. 9.

지역이다. 최대목표는 수도 키예프를 비롯한 우크라이나 전역이다.

러시아가 최후의 수단인 군사행동을 선택한 이상 지역적 범주 면에서 최대목표를 추구하되 전황에 따라 여의치 않을 시 목표를 하향 조정해갈 가능성이 크다. 실제로 푸틴은 2월 24일 돈바스 특수작전 수행 선언 과정에서 우크라이나의 '비군사화'(demilitarization)와 '비나치화'(denazification)를 시행하겠다고 발표했다. 여기서 비군사화란 러시아가 우크라이나의 주요 군사력을 무력화하고, NATO의 지원을 받아 무장을 강화하는 것을 차단하겠다는 의미이다. 또한 비나치화는 "우크라이나를 해방하고 이 나라에서 나치주의자, 친나치 성향 인사들을 제거하는 것"을 의미한다.*15 이는 현 젤렌스키 정부를 전복하겠다는 것이며, 결국 러시아가 수도 키예프를 비롯한 러시아 전역의 점령을 우선적 목표로 삼고 있다는 것을 말한다.

우크라이나의 저항 역량의 수준과 발현 정도는 전쟁의 판도와 기간에 영향을 주는 변수이다. 우크라이나가 러시아의 공세를 어느 정도 저지할 수 있느냐의 문제는 러시아의 점령 지역 범위와 전쟁의 속결 또는 교착에 큰 영향을 미칠 것이다. 재래식 군비의 관점에서 우크라이나의 전력은 러시아에 비해 객관적으로 훨씬 미흡하며 독자적 힘만으로 침공을 막아내기는 역부족이라는 것이 일반적 평가이다. 또한 영토의 대부분이 평지이며, 자연·지리적 장애물이 사실상 드네프르강뿐이라는 점은 우크라이나에 불리하게 작용할 것이다. 다만 우크라이나의 저항 의지가 매우 강하고, 그들이 스탈

---

*15 "Песков ответил на вопросы о целях и сроках операции в Донбассе," *РБК*, 24.02.2022.

린그라드 전투나 이라크 모술 전투의 사례처럼 시가전을 통해 전황을 교착시킬 가능성은 배제하기 어렵다.*16 실제로 러시아는 우크라이나의 강력한 저항에 직면해 전세가 교착 국면에 처한 가운데 최근 휴전 협상에서 '비나치화'에 대해 초기보다 완화된 요구를 제시하고 있다.

러시아가 점령 지역을 직접 병합할 것인지 친러 정부를 수립할 것인지의 여부도 주요 변수 중 하나이다. 러시아가 2014년 크림반도 병합의 사례처럼 점령 지역을 자국 영토에 강제 병합할 가능성도 분명 존재한다. 그러나 이 경우 막대한 전후 복구와 연방 편입 비용이 발생할 것이며, 강제 병합을 규탄하는 국제여론도 부담이다. 강제 병합 시 이른바 완충지대(buffer zone)가 사라지고, 러시아가 NATO와 직접 대면하게 되는 상황의 발생도 우려의 지점이다. 이 때문에 러시아가 강제 병합보다는 점령 지역에 친러 정부(괴뢰 정부)를 세워 간접 통치와 자국 세력권으로의 편입을 우선 고려할 것으로 판단된다. 이마저도 여의치 않다면 돈바스와 일부 점령 지역에 대한 분리·독립, 또는 광범한 자치권 부여를 요구할 가능성이 있다.

러시아 내 여론 동향은 향후 푸틴 대통령과 러시아의 전략적 판단에 상당한 영향을 미칠 수 있는 변수가 될 것으로 보인다. 현재 러시아 내 여론조사 결과에 따르면, 러시아인들은 대체로 푸틴 정부의 대외정책을 지지하고, 현 사태의 책임이 미국과 NATO에

---

*16 Jonathan Beale, "How hard will it be to defend Ukraine from Russian invasion?," *BBC*, 25.02.2022.

있다고 보며, 푸틴의 돈바스 승인에 적극적으로 호응하는 모습이다. 정부 비판 성향의 레바다센터(Левада-Центр)의 2월 17일부터 2월 21일까지의 조사에 따르면, 60%의 응답자가 미국과 NATO, 14%가 우크라이나, 단 4%가 러시아를 현 사태에 책임 소재자라고 대답했다.[17] 전러시아여론연구센터(ВЦИОМ)의 2월 23일 조사에 따르면, 전체 응답자의 3/4에 육박하는 73%의 응답자가 러시아의 DPR과 LPR에 대한 승인을 지지했고, 단 16%가 이에 부정적 입장을 표명했다.[18] 하지만 전쟁이 단기간 내에 종료되지 않을 경우 러시아에도 상당한 인적·물적 손실이 불가피하고, 주민들의 현 체제에 대한 누적된 피로감을 고려할 때 국내에서 부정적 여론이 대두할 가능성도 존재한다. 현재 러시아인의 푸틴 대통령에 대한 국정수행 지지도는 약 64%의 안정적 수치를 기록하고 있지만, 2014년 크림 병합 이후 89%에 달했던 것에 비하면 다소 저조한 상황이다(ФОМ, 24.02.2022).[19] 또한 미국과 서방 세력이 예고한 전례 없는 고강도 경제 제재가 러시아 경제와 주민 삶의 질에 부정적 영향을 미칠 경우에도 현재의 여론에 변화를 가져올 수 있을 것이다.

마지막으로, 특정 조건, 특정 시점에 러시아-우크라이나, 러시아-미국, 러시아-NATO 간 대화와 타협이 추진될 가능성도 있다. 우크라이나의 민스크 평화협정 엄정 준수와 NATO 가입 철회와

---

[17] "Укарина и Донбасс," Левада-Центр, 24.02.2022.
[18] "Признание Донбасса: данные первого опроса," ВЦИОМ, 23.02.2022.
[19] ФОМ. "Политические индикаторы," Доминаты поле менений, неделя No.07.

중립화 등을 매개로 러시아 또는 우크라이나가 대화를 제의할 경우, 러시아가 전쟁에서 확고한 우위를 점한 상태에서 전후 처리 문제와 관련하여 미국, NATO에 또는 UN과 OSCE 차원에서 대화를 제안할 경우, 전쟁이 교착 상태에 처하고 양측의 상당한 인적·물적 피해가 발생하는 가운데 관련 중립국 또는 프랑스, 독일 등이 중재를 추진할 경우 대화와 타협이 시도될 것으로 판단되며, 그 성공 여부와 내용은 각각의 상황과 조성된 정세에 따라 달라질 것이다.

러시아의 우크라이나 침공이 남길 것들

러시아의 우크라이나 침공으로 중단기적으로 유럽·대서양 지역에서 양측의 불신이 더욱 심화하고 대결적 분위기가 한층 강화될 가능성이 크다. 러시아는 1991년 소련 붕괴 이후 서방 세계의 동등한 일원이 되고자 했지만 이를 거부당하고, 오히려 NATO의 지속적인 동진 등을 통해 자국의 안보가 심각한 위협에 처했으며 이를 더 이상 용인할 수 없다고 판단한다. 반대로 미국과 서방 세력은 러시아가 그릇된 역사 인식과 호전적 태도에 기초해 유럽·대서양 지역의 평화에 심각한 위협을 가하고 있으며, 냉전질서를 재소환하고 있다고 본다. 이번 위기는 푸틴 집권 이후 축적되어온 양측의 불신을 한층 증폭시킬 것이며, 사태가 어떻게 정리되든 상호 세력권이 교차하는 지정학적 단층선을 중심으로 군비 강화 등 대립·대결의 흐름이 강화될 것이다. 이는 국제질서의 불확실성과 비예측성을 크게 증가시키면서 당분간 강대국 경쟁의 강화와 미·서방 대중·러로 대변되는 대립적 세력권 간의 갈등과 대립을 한층 심화시킬 것이다.

러시아는 '외교적 관여' 대신 '군사력 투사'를 선택함으로써 국제적 평판의 현격한 저하는 물론 향후 감당해야 할 부담을 자초했다. 우크라이나의 NATO 가입에 대한 문제제기가 자국의 안보 이익의 측면에서 정당한 측면이 있다 하더라도, 러시아의 군사력을 사용한 무력 침공은 국제사회로부터 호응을 얻기 어려운 극단적 선택임에 분명하다. 다극적 국제질서를 희구하는 러시아가 이번 사태를 통해 자국의 힘을 과시하며 우크라이나의 NATO 가입을 저지하더라도, 이 같은 접근은 지도력과 평판의 측면에서 상당한 손상을 초래할 수밖에 없다. 러시아가 그동안 경제 제재에 대한 내성을 강화하고, 이번 위기를 전후로 다양한 대응책을 마련했더라도 경제 상황의 악화는 불가피할 것이다. 또한 러시아가 우크라이나에서 친러 정부를 수립해 상황을 안정시키더라도, 이번 침공으로 우크라이나 내 반(反)러 여론과 민족주의의 강화가 뒤따를 것인바 이는 중장기적으로 우크라이나와의 양자관계에 부정적 유산을 남길 것이다.

이번 사태는 러시아 푸틴 체제의 전도와 국내정치적 안정성에도 상당한 불확실을 초래할 가능성이 있다. 푸틴 체제는 2011년 12월 총선 부정선거 의혹을 계기로 2011~12년 심각한 위기를 경험했으나, 2014년 크림반도 병합을 계기로 반전에 성공해 이후 강력한 사회통제 정책을 구사 중이다. 그러나 이른바 '크림 컨센서스'(Crimean consensus), 즉 크림반도 병합에 대한 사회적 열광

이 약화하고, 2018년 연금개혁에 대한 사회적 저항 등으로 말미암아 체제에 대한 피로감도 지속적으로 고조되고 있는 형편이다. 특히 이번 러시아의 우크라이나 침공은 푸틴 대통령의 초장기 집권에 따른 과도한 '자기 확신'과 제국의 부활에 대한 신화적·종교적 의미 부여에 따른 무리한 정치적 선택이었다고 볼 수 있다. 이번 전쟁이 러시아의 의도대로 속결되지 않을 시 푸틴 체제가 상당한 위기에 처할 가능성이 있으며, 전쟁에서 승리하더라도 이 같은 리더십과 의사결정 리스크는 체제 안정성의 위험요인으로 잔존할 것이다.

한편 이번 사태를 통해 미국의 외교·안보적 관심이 분산되어 인도·태평양에서 유럽·대서양 지역으로 일정 부분 이동할 가능성이 있다. 바이든 정부는 중국을 미국에 대한 '유일한 도전국'으로 인식하고 대(對)중국 포위·압박 정책을 입안·구사 중이다. 그러나 미국은 이번 사태를 통해 러시아가 유럽·대서양 지역 안보의 측면에서 무시할 수 없는 상대임을 재확인하게 됐다. 특히 본 사태는 단시간 내에 해결될 수 없는 사안으로 이 때문에 미국의 전략적 관심과 우선순위에서 유럽·대서양 지역과 러시아에 대한 고려의 비중이 더욱 높아질 가능성이 존재한다. 무엇보다 가치외교와 동맹의 복원을 강조해온 미국이 공인된 악당이 돼 버린 러시아와의 대립 상황을 적극적으로 활용할 것은 분명해 보인다.

한반도에 대한 함의도 매우 크다. 단기적으로 미국의 한반도 비핵화·평화 프로세스에 대한 적극성 저하와 북한의 군사적 도발에 대한 유인이 강화될 것이다. 북한이 미국과 한국의 대화 제안에 호응하지 않고 있는 가운데 유럽·대서양 내 첨예한 안보 현안의 대두로 한반도 문제에 대한 관심이 현격히 줄어들 가능성이 있다. 북한은 러시아의 우크라이나에 대한 침공을 통해 힘에 기초한 국제관계의 냉혹한 현실을 지켜보면서 핵과 미사일 등 전략적 억지력의 유지에 대한 필요성을 다시 한번 재확인하게 됐을 것이다. 또한 러시아가 러·우 접경 지역에 군사력을 배치하고 단독·연합 군사훈련을 진행하다 급기야 전면적 침공을 단행한바 향후 북한의 한미 연합 군사훈련에 대한 비난과 맞대응도 더욱 강화될 것이다. 이에 한국으로서는 단기적으로 한반도 비핵화·평화 프로세스의 정체 국면에서 북한의 군사적 도발을 최소화하고, 한반도 내 군사적 긴장이 첨예화하지 않도록 관리하는 데 집중할 필요가 있다.

우크라이나 사례는 지정학적 중간국가로서 한국의 외교에 대한 진지한 성찰과 대안적 전략의 모색이 필요함을 웅변하고 있다. 러시아의 군사적 침공은 규탄 받아 마땅하나 "실속 없이" 군사동맹을 지속적으로 확장함으로써 상대에 안보 위협 우려를 초래한 미국과 NATO도 그 책임에서 자유로울 수 없다. 무엇보다 지정학적 단층대(geopolitical fault zone)에 위치한 중간국가 우크라이나는 국내의 '비합리적 균열'을 외교에 투영·발현함으로써 강대국 경쟁의 무대로 전락했으며 급기야 군사적 침공까지 초래하고 말았다. 미·중 경쟁의 심화 속에서 우크라이나와 유사한 '선택 강제의 압력'에 직면해있는 한국은 현 우크라이나 위기를 반면교사로 삼아 자신의 생존은 물론 한반도의 평화와 번영을 도모할 수 있는 대안적 외교전략을 모색해야 할 것이다.

제3장

자국 중심 국제질서를
강화하는 미국

제3장 자국 중심 국제질서를 강화하는 미국

우크라이나 사태와 미국의 대 러시아 인식

　미·러 관계는 오랜 시간 답보상태에 놓여있었다. 중국의 부상과 맞물린 글로벌 세력균형의 변화를 고려한다면, 미국은 미·러 관계의 개선이 필요했으며, 실제로 오바마 행정부 시기부터 이러한 관계 개선의 필요성에 대한 미국 내 논의는 존재해왔다. 그러나 미·러 관계의 급격한 발전이 대중국 균형추(counterweight)인 러시아를 더욱 대담하게 만들 가능성이 있다는 점도 우려되었다. 실제로 유럽 내 러시아의 영향력이 확대되는 상황 속에서 유럽 주요국들은 중국과 러시아 모두를 견제하기 위해 인도태평양에 진출하였다. 러시아는 2008년부터 시작된 군현대화와 에너지 자원수출을 통한 재정 마련에 근거해 더욱 공격적인 지역 전략을 펼치고 있기 때문이다. 2014년 우크라이나 크림반도 침공, 2015년 아사드 정권 지원을 위한 시리아 군사작전 수행, 2016년 미국 대선 개입에 이르기까지 러시아는 구소련지역에서부터 역외지역으로 영향력 투사 범위를 점차 확대하고 있다.[1] 또한 러시아는 에너지 자원 수출을 통해 유럽국가들의 에너지 의존도를 높이고 있는데, 독일에 대한 노드스트림2 (Nord Stream 2), 터키 등 남동유럽국가들에 대한 터크스트림(Turkstream), 중국에 대한 시베리아파워(Power of Siberia) 등 가스관 설치를 통해 시장점유율을 높일 뿐만 아니라 자원 수입국들에 대한 영향력을 확대하고 있다.

미국이 가장 우려하는 점은 바로 러시아의 주변국에 대한 무력 사용과 사이버 공격, 선거 개입 등 미국과 동맹국들에게 직접적인 위협이 되는 행동들이다. 2019년 미국의 인도태평양 전략보고서가 러시아를 악성 행위자(malign actor)라고 명명했듯, 러시아의 지속적 위협에 대한 동맹국들의 우려를 상쇄하기 위해 미국은 유럽억제구상(European Deterrence Initiative)을 수행하며 북대서양조약기구들에게 안심(reassurance)을 제공하였고, 러시아에 대한 지속적인 경제제재 조치를 단행하였다. 실제로 미국의 대러 정책은 제재를 중심으로 이뤄졌다고 해도 과언이 아니다. 2014년 러시아의 우크라이나 크림반도 침공 이후 본격화된 미국의 대러 제재는 미국 대선 개입뿐만 아니라 화학무기 사용, 인권 유린, 에너지 수출의 강압 수단화, 북한과의 불법 거래, 시리아 및 베네주엘라 정부 지원 등에 대응하기 위해 단행되었다.[2] 2022년 우크라이나 침공에 대응하기 위해 미국은 러시아의 국제은행간통신협회(SWIFT) 결제망 퇴출 조치까지 단행하였는데, 이는 기존의 미국의 대러 제재가 장기적인 경제효과를 목표로 러시아 국민들에 대한

---

[1] Andrew S. Bowen and Cory Welt. "Russia: Foreign Policy and US Relations" CRS Report (April 15, 2021).

[2] Cory Welt, Rebecca M. Nelson, Kristin Archick, Dianne E. Rennack. "US Sanctions on Russia" CRS Report (January 18, 2022).

악영향을 최소화하기 위해 수행되어왔던 관행에서 벗어난 것이라고 볼 수 있다. 실제로 기존의 미국의 대러제재 효과는 국제 유가 변동이나 코로나19 팬더믹의 효과보다도 낮다고 평가되었으며, 오히려 2016년 이후 유가 급등으로 러시아의 경제는 더욱 활성화되었다고 알려졌다.

이와 같은 제재 중심 대러정책 추진에도 불구하고 미국은 러시아와의 협력 현안인 핵무기통제에 대한 논의도 지속하였다. 2021년 미국과 러시아는 신전략무기감축협정(New START)의 5년 연장에 합의하며 전략적 안정성 유지를 도모하고 있다. 또한 바이든 행정부는 2021년 공개한 〈국가안보전략잠정지침(Interim National Security Strategic Guidance)〉를 통해 미국의 유일한 경쟁자는 '중국'일 뿐이라고 적시하였는데,[*3] 이는 미국이 인식하는 러시아의 위상은 국제질서와 구조의 변화를 야기할 수준은 아니며, 다만 변화된 경제역량을 바탕으로 국제사회에 영향력을 확대하려는 행위자 정도였음을 알 수 있다. 실제로 금번 러시아의 우크라이나 침공은 국제체제의 질서를 변화시켰다기보다는 오히려 쇠퇴하던 규칙기반 질서를 공고화시키고 민주주의 국가들간의 연대를 강화시켰다고 볼 수 있다.

한계적이며 자제적인 미국의 대응

[*3] The White House, *Interim National Security Strategic Guidance* (March 2021).

2022년 러시아의 우크라이나 침공과 관련해 바이든 대통령의 최근 입장은 푸틴 대통령을 "전범(war criminal)"으로 명명할 정도로 강경해졌으며, 러시아가 생화학무기를 사용할 경우 미국은 이에 대응하며 미국의 핵무기 단일목적 정책을 철회하고 북대서양조약기구도 우크라이나 전쟁에 참전할 것임을 밝혔다.[*4] 그러나 미국의 입장은 여전히 자제(restraint)에 가깝다. 바이든 행정부는 2021년 아프가니스탄 철군 이후 인도태평양 역내 미·중 경쟁에 집중하고자 한다.

[그림 2-1] 유럽억제구상 예산 변화, 2015-2022

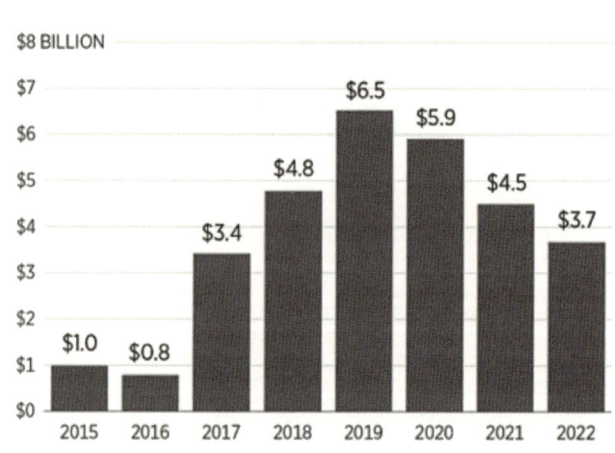

출처: Daniel Kochis, "Assessing the Global Operating Environment: EUROPE," The Heritage Foundation (October 20, 2021)

[*4] Sam Fossum and Kevin Liptak, "Biden on Putin: 'I think he is a war criminal'" CNN News (March 17, 2022); Michael R. Gordon, "Biden Sticks with Longstanding US Policy on Use of Nuclear Weapons Amid Pressure from Allies" *The Wall Street Journal* (March 25, 2022).

물론 2016년 러시아의 크림반도 병합 이후 시행된 미국의 유럽억제구상은 러시아와 국경을 인접한 유럽 동맹국에 대한 안심 및 억제력 제공을 위해 미군 주둔 확대, 전략자산 재배치, 연합훈련 확대 등을 추진하였으나, [그림 2-2]에서 보이듯 유럽국가들이 여전히 북대서양조약기구에 억제력을 의존하며 국방비 증액에 소극적인 태도를 보였고, 동시에 트럼프 대통령이 멕시코장벽 건설을 위해 본 구상의 예산을 삭감한 이후 유럽억제구상의 예산은 지속적인 감소추세에 있다.[5]

---

[5] Michelle Shevin-Coetzee, 2019. *European Deterrence Initiative* (Washington D.C.: Center for Strategic and Budgetary Assessment); Paul Belkin and Hibbah Kaileh, "The European Deterrence Initiative: A Budgetary Overview," Congressional Research Service In Focus (July 1, 2021).

[그림 2-2] 북대서양조약기구 회원국의 GDP 대비 국방비 비율

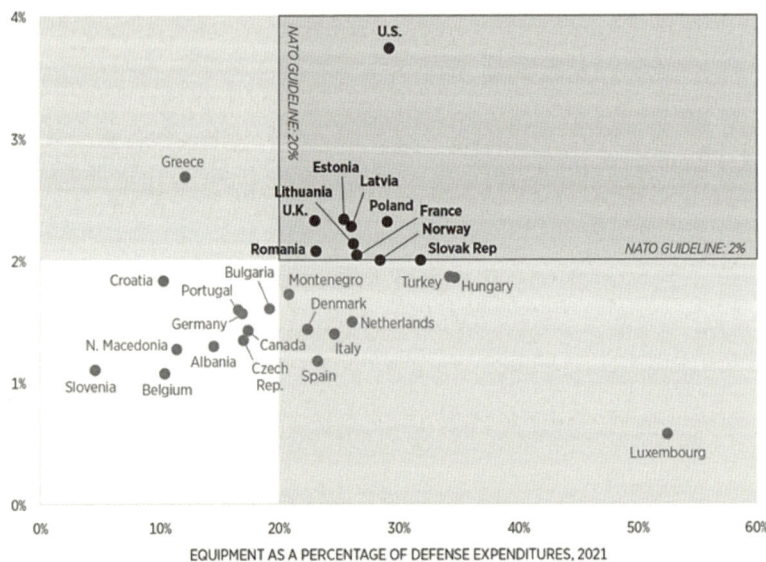

출처: Daniel Kochis, "Assessing the Global Operating Environment: EUROPE," The Heritage Foundation (October 20, 2021)

주: 2006년 북대서양조약기구 국방장관들의 합의에 따라 북대서양조약기구 회원들은 GDP대비 최소 2%를 국방비로 배분하며, 또한 국방비의 20%는 군사장비 마련에 투자되어야 한다.

반면 미국의 우크라이나에 대한 지원은 2014년 이후 지속적인 증가추세에 놓여있다. 유럽억제구상 지원금은 미국의 우크라이나 안보지원 규모의 3.7%에 불과한 반면, 미국의 우크라이나 양자지원은 대부분 대외군사차관(foreign military financing)과 우크라이나 안보지원구상(Ukraine Security Assistance Initiative)을 통해 이루어졌다. 비록 트럼프 대통령은 집권 당시 유력 대선 후보였던 조 바이든의 부정부패 혐의에 대한 조사

와 우크라이나 안보지원을 거래할 것을 젤렌스키 대통령에게 요구한 것으로 알려져 논란이 일었으나, 미국은 우크라이나에 대한 안보지원을 지속해 왔다. [그림 2-3]과 [그림 2-4]는 이러한 현황을 보여준다.

[그림 2-3] 미국의 우크라이나 지원 유형 분류 (2014-2022년 회계연도 기준)

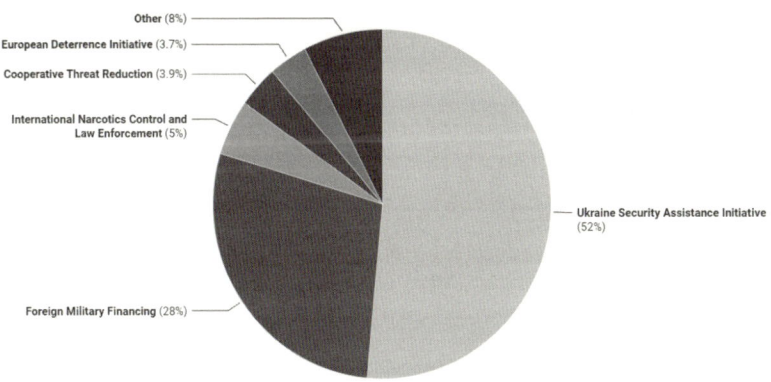

출처: Elias Yousif, "US Military Assistance to Ukraine," Stimson Center (January 26, 2022)

[그림 2-4] 미국의 우크라이나 안보지원 현황 (2010-2022년 회계연도 기준)

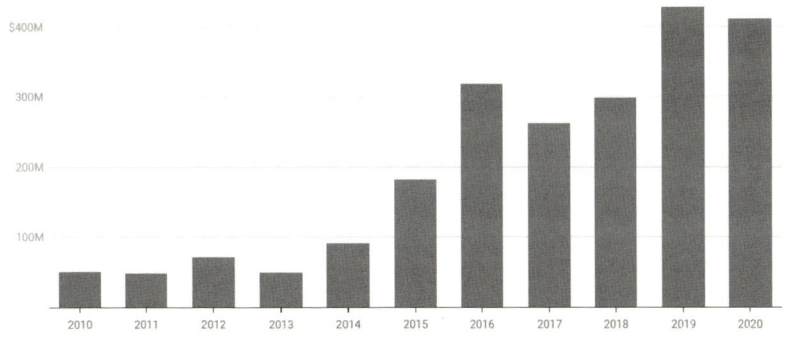

출처: Elias Yousif, "US Military Assistance to Ukraine," Stimson Center (January 26, 2022)

또한 2021년 11월 10일 미국과 우크라이나는 "미국-우크라이나의 전략적 파트너십"에 합의하였고, 특히 크림반도를 포함한 우크라이나의 영토적 주권을 존중한다는 내용을 담으며 우크라이나에 대한 안보지원, 특히 러시아의 침공에 대응하기 위한 안보지원을 명시하였다. 요컨대 미국은 러시아의 유럽대륙 내 영향력 확대를 견제하기 위한 완충지역으로서 우크라이나에 대한 안보공약을 유지해왔으나, 러시아와 갈등을 겪고 있는 우크라이나를 북대서양조약기구의 회원국으로 받아들여야 하는가에 대해서는 회원국들 간 합의를 도출하지 못했다. 예컨대 2008년 4월 북대서양조약기구는 조지아와 우크라이나의 회원국행동계획(Membership Action Plan) 참여 요청은 거부했으나 장기적으로 회원국이 될 수 있을 것이라 언급한 바 있다. 그러나 구체적인 가입 시점과 과정에 대한 입장을 밝히지는 않았는데, 이는 미국은 이들 국가의 회원국 가입을 지지한 반면 독일과 프랑스는 두 국가의 회원국 가입 허용이 러시아의 도발을 야기할 수 있다고 우려하여 합의를 이루지 못했기 때문이다.[6]

이에 따라 미국은 러시아와 북대서양조약기구 회원국과의 전면전을 레드라인으로 고려하며 미·러관계 위기고조를 관리해왔으며, 이번 러시아의 우크라이나 침공 상황에 있어서도 우크라이나와 유사한 상황에 처해 있는 몰도바, 조지아 등으로의 확전을 방지하고자 했다. 미국은 우크라이나 영토로 미군 혹은 북대서양조약기구 회원국의 군대를 파견할 의사가 없음을 밝혔고, 다만 러시아에 대

---

[6] Fiona Hill and Clifford Gaddy. *Mr. Putin: Operative in the Kremlin* (Washington D.C.l; Brookings Institution Press, 2013)

한 강력한 경제제재를 부과하며 우크라이나로의 군수물자를 지원하고 있다. 미국뿐만 아니라 북대서양조약기구 발트해 국가들, 영국, 터키, 체코, 독일 역시 군수물자 지원에 동참하고 있다.

러시아 역시 미국을 포함한 북대서양조약기구 회원국과의 전면전은 피하고 싶은 상황일 것으로 분석되어왔으며, 그러한 측면에서 상호 위기고조에 대한 억제가 가능할 것으로 예측되어왔다. 러시아의 군사독트린 등 공식문서를 통해 밝혀진 군사적 위기고조의 레드라인은 1) 북대서양조약기구의 확장 2) 전략적 균형 와해 3) 러시아 정권교체 시도 4) 주변국에 대한 영향력 상실 등으로 요약된다.[7] 물론 위 네 가지 레드라인은 어느 대부분 중첩되며, 상호 연관되어있는 것도 사실이다. 또한 이러한 측면에서 이번 러시아 침공을 서방국가, 특히 미국의 영향력 확대로 인한 것이라 비난하는 의견도 존재한다. 대표적으로 미어샤이머(John J. Mearsheimer)의 경우 미국을 비롯한 서방국가들이 우크라이나 내에 자유주의 및 서구지향적 정권 형성을 지원하며 위기를 고조시켰다고 주장했다.[8]

그러나 러시아가 상정한 '레드라인'을 북대서양조약기구 회원국이 넘었다 하더라도, 러시아가 이에 대해 대응하지 않은 사례도 존재한다. 예컨대 2003-2005년 조지아, 우크라이나, 키르기즈스탄 등지에서 발생한 일련의 "색깔혁명(Color Revolution)"에 대해서

---

[7] Stephanie Pezard, Ashley L. Rhades. "What Provoke Putin's Russia? Deterring without Unintended Escalation" RAND Perspective (January 2020).

[8] John J. Mearsheimer "Why the Ukraine Crisis is the West's Fault" *Foreign Affairs* (September-October 2014).

러시아는 당시 무력을 사용하지 않았다. 특히 2004년 우크라이나의 오렌지 혁명 당시 아무런 조치를 취하지 않았던 러시아는 2014년 유로마이단 혁명(Euromaidan revolution)에는 무력 사용을 감행했는데, 이러한 차이를 가져온 원인으로 러시아가 위기고조를 감행할 수 있는 역량이 제고된 점이 지적된다. 즉 2004년과 2014년 사이 우크라이나의 전략적 가치는 변화하지 않았으나, 국제유가 상승으로 인한 러시아의 재정 흑자, 국방개혁을 통한 군사력 제고 등의 상황은 러시아 스스로가 상정한 '레드라인'을 주변국에 강제할 수 있는 의지와 역량을 배가시켰고, 그러한 점에 있어 미어샤이머 등의 학자들이 주장하는 '서방책임론'은 그 적실성이 떨어진다. 즉, 러시아가 우크라이나에 대해 자제가 아닌 위기고조를 선택할 수 있는 역량이 배가된 것이다.

또한 위기고조를 선택한 그 배경으로서 러시아의 회색지대 전술(gray-zone tactic) 실패도 존재한다. 이번 2022년 러시아의 우크라이나 침공은 2014년 이후 지속되어온 러시아의 회색지대 전술의 연장선상에 존재하며, 동시에 회색지대 전술이 더 이상 우크라이나에 효과를 발휘하기 어렵다는 판단하에 재래식 전면전을 감행할 수밖에 없었다는 분석이다.[9] 2014년 유로마이단 혁명 이후 러시아의 지원을 받는 분리주의자들은 우크라이나 동부 지역에서 우크라이나군과 교전과 암살을 일삼았을 뿐만 아니라, 러시아는 우크라이나 체제와 대중을 향한 사이버 공격과 정보전을 지속해왔다.

---

[9] J. Andres Gannon, Erik Gartzke, Jon Lindsay, Peter Schram. "Why did Russia Escalate Its Gray Zone Conflict?" *Lawfare* (January 16, 2022).

회색지대 전술은 전면전의 수위에 이르지 않는 강압 전략으로서 점진적 현상변경을 가능케 한다. 러시아와 중국과 같은 부상하는 현상변경국가들의 경우 미국과의 전면전을 회피하기 위한 수단으로서 이러한 회색지대 전술을 사용해왔다. 그러나 2021년 초부터 러시아-우크라이나 국경지대에 집결한 대규모 러시아 병력의 존재는 우크라이나의 회색지대 전술 대응 역량이 점차 높아졌다는 것을 의미하며, 이러한 우크라이나의 대응 성공이 오히려 러시아로 하여금 회색지대 전술을 포기하고 전면전으로의 위기를 고조시켰다고 볼 수 있는 것이다. 즉 러시아는 회색지대 전술의 실패로 인해 전면전을 택한 것이다. 우크라이나는 미국의 다년간 안보지원에도 불구하고 여전히 재래식 전력에 있어서는 열세이며, 미국이 우크라이나와 러시아와의 갈등에 직접적으로 개입하지 않겠다고 밝혀왔기 때문에 더욱 그러하다.

그러나 예상보다 장기화되는 전쟁으로 인해 러시아측은 최근 제한전으로 선회하며 출구전략을 모색하는 모습을 보였다. 애초 러시아의 이번 침공은 우크라이나 정권 교체와 영토 점령을 목표로 상정한 전면전으로 인식되어왔는데,[10] 3월 25일 러시아는 동부 돈바스 지역에 전력을 집중하며 이 지역의 완전한 해방에 주력할 것이라고 발표하여, 기존의 목표에서 후퇴한 것으로 분석되었다. 이러한 상황은 러시아로 하여금 출구전략을 찾고 있는 것으로도 해석할 수 있으나 러시아의 의도는 상당한 시간이 지난 후에야 분

---

[10] Cory Welt, "Russia's Invasion of Ukraine: Overview of US and Allied Response" CRS Insight (February 25, 2022).

명히 판단할 수 있을 것이다.

한편 미국 내 정치적 양극화 상황을 반영하듯 우크라이나 사태에 대한 미국의 입장에 대해 민주당 지지자와 공화당 지지자들 사이의 입장은 첨예하게 나뉘어있다. 지난 3월 15일 발표된 퓨리서치센터의 서베이 결과에 따르면, 미국 유권자들은 현재와 같이 대러 경제제재(85%)와 우크라이나 주변 북대서양조약기구 회원국 내에 미군 주둔을 확대하는 정책(77%)에 동의하는 반면, 러시아와의 핵위기를 불사하더라도 군사적 조치를 강화해야 한다는 의견은 35%를 기록했다.[11] 그러나 바이든 대통령의 대응조치에 대한 평가는 정파성에 따라 나뉘어있다. 민주당 지지자의 경우 69%가 바이든의 대응조치에 대해 긍정적으로 평가하는 반면, 공화당 지지자의 경우 67%가 부정적으로 평가하고 있었다. 더욱이 미국 내 극우 세력들은 반-반-푸틴(anti-anti-Putin) 내러티브를 확산시킬 조짐을 보이고 있다.[12] 이러한 정치적 양극화의 상황이 새로운 것은 아니지만, 이로 인해 신속한 대러제재 조치 마련에도 불구하고 바이든 대통령의 지지율은 높아지지 않고 있다. 이러한 상황은 좀 더 공세적인 미국의 대러접근법 필요성이 대두될 것으로도 볼 수 있으나, 미국이 미·중 간 강대국 경쟁의 우선순위로부터 선회할 가능성은 매우 낮다. 이제 남은 문제는 미국이 회색지대 전술을 포기하

---

[11] Carrol Doherty, Jocelyn Kiley, Nida Asheer, and Calvin Jordan, "Public Expresses Mixed Views of US Response to Russia's Invasion of Ukraine," Pew Research Center (March 15, 2022).

[12] Molly Jong-Fast, "The Far Right is now anti-anti-Putin" *The Atlantic*, (March 16, 2022).

고 전면전을 감행한 러시아의 체면을 세워주며(face-saving) 침공 사태를 마무리지을 것인가의 여부일 것이다. 이미 백악관에서는 G-20 정상회의에 우크라이나 초청하는 등의 다양한 방안 등이 고려되고 있다.

그러나 돈바스 지역의 도네츠크인민공화국과 루한스크인민공화국이 러시아연방으로 편입되더라도, 나머지 우크라이나 지역은 전쟁 이전보다 더욱 서구지향적인 정치적 정향을 갖게 될 것이라는 점을 간과해서는 안 된다. 그렇다면 러시아는 여전히 우크라이나에 대한 회색지대 전술을 지속할 필요성에 직면할 것이며, 향후 체결될 우크라이나-러시아 간의 평화협정은 잠정적인 종전에 불과할 가능성이 높다.

여전히 미국의 전략적 우선순위는 인도태평양 지역

러시아의 우크라이나 침공은 21세기에도 전쟁을 통한 문제해결이 시도될 수 있음을 보여주었다. 그러나 미국은 이번 침공으로 인해 인도태평양에 대한 전략적 우선순위를 바꿀 가능성은 낮으며, 그러한 측면에서 미국은 여전히 자제의 입장에서 우크라이나에 대한 지원과 유럽 내 동맹국들의 억제력 강화를 위한 조치들을 취하고 있다. 다만 미국은 중국과 러시아 간의 전략적 협력이 강화되는 것을 막기 위해 중국에 대해서도 러시아에 대한 협력을 중단할 것을 요청하고 있으며, 미국의 대중 제재 가능성도 열어놓고 있다.

중국 역시 러시아와의 협력이 전략적 자산이 아닌 부채(liability)가 되어가는 것을 인지하고 있으며, 실제로 중국은 러시아의 우크라이나 침공이 소모전(war of attrition)으로 전락하고 러시아의 경제적 후퇴를 앞둔 상황이 장기적인 글로벌 세력균형에 있어 나쁘지 않다고 인식할 수 있다.[13] 요컨대 중국과 러시아의 전략적 제휴는 상당히 제한적일 수 있음을 보여주며, 이는 북·중·러 제휴에서도 마찬가지이다.

실제로 북한은 금번 러시아의 우크라이나 침공 그 자체보다는 미국이 러시아를 다루는 방식에 대해 좀 더 관심을 둘 것이다. 특히 핵무기 사용 가능성을 열어둔 러시아의 태도에 대해 미국의 반응을 주의 깊게 살펴볼 것이며, 동시에 글로벌 공급망에 대한 부정적인 영향에도 불구하고 대러제재의 수위를 어느 수준까지 끌어올릴 것인가, 그리고 서구 민주주의 국가들은 미국의 이러한 노력에 얼마나 동참할 수 있을 것인가에 관심을 둘 것이다. 물론 많은 전문가들이 이미 지적했듯 북한은 우크라이나 사태를 지켜보며 핵보유의 정당성을 더욱 강화하려 할 것이며, 비핵화 협상을 거부할 소지가 더욱 높아질 것이다. 또한 한국의 신행정부 등장과 맞물려 북한의 도발 수위는 점차 높아질 것으로 예측되는데, 이러한 도발의 수위가 대륙간탄도미사일 혹은 핵실험으로 높아진다면 중국과 러시아는 물론 이에 반대입장을 취할 것이다. 중국은 미국의 시선이 동북아 지역에 집중되는 불편한 상황에 대해 우려를 표하겠지만,

---

[13] Bonnie Glaser, "Chinese Support for a Russian Attack on Ukraine Cannot be Cost-Free," *Foreign Policy* (February 14, 2022).

북한의 결정을 막을 수는 없을 것이다. 요컨대 북·중·러의 제휴 수준도 상당히 제한적임을 알 수 있으며, 북한은 미국과 중국, 러시아 간의 관계 변화를 면밀히 관찰하며 자국의 이익을 극대화할 수 있는 다양한 제휴를 시도할 것으로 볼 수 있다. 이것이 '북·중·러 연대'라는 형태로 보일지라도, 내부의 양자관계는 좀 더 입체적으로 분석할 필요가 있는 것이다.

요컨대 러시아의 우크라이나 침공은 비록 지리적으로 한국과 먼 지역에서 발생한 상황이라도 많은 영향력을 한반도에 주고 있다. 일차적으로 북한의 도발과 핵보유 의지, 비핵화 협상의 난항을 예측가능하게 하며, 좀 더 거시적으로는 한국을 둘러싼 국가들의 이해관계를 변화시키고 있다. 중·러관계의 전략적 제휴 변화와 미국의 대러제재로 인한 공급망 변화는 러시아의 우크라이나 철군이 종료될 때까지 지속될 것인바, 좀 더 장기적인 대책 마련이 필요함과 동시에 향후 더욱 강화될 규칙기반 질서 형성 및 이와 관련한 외교를 어떻게 마련할 것인지에 대해서도 미국 및 파트너 국가들과의 긴밀한 의사소통이 필요할 것이다.

제4장

위기관리역량 시험대 위의 EU

제4장 위기관리역량 시험대에 위의 EU

EU와 러시아, 그리고 우크라이나의 삼각관계

2차 세계대전 이후 유럽대륙에서 전쟁의 종식과 영구적인 평화 정착을 목표로 추진된 유럽통합은 성공적인 프로젝트로 평가되어 왔다. 지난 70여 년간 유럽통합의 선구자들이 꿈꾸어 왔던 유럽의 평화와 번영이 지속되었기 때문이다. 물론 유럽의 안보에 직간접적 영향을 미쳤던 다양한 사건들은 있었다. 1991년 소련 붕괴부터 유고슬라비아 내전, 코소보 사태, 그리고 최근 러시아의 크림반도 병합 등이 있었지만, 2022년의 우크라이나 사태는 유럽이 직면한 가장 심각한 위기 중 하나이며 유럽대륙에 영구적인 평화정착을 위한 목적으로 시작된 유럽통합에 심각한 도전으로 인식되고 있다. 이는 무엇보다도 우크라이나가 폴란드, 슬로바키아, 헝가리, 루마니아 등의 EU 회원국과 국경을 접하고 있는 바, 우크라이나 사태가 EU의 바로 앞마당에서 벌어지고 있기 때문이다. 나아가 우크라이나 사태가 유럽의 안보 지형을 변화시킬 수 있으며 이에 EU의 관여와 대응이 필요한 시점이기 때문이기도 하다.

이러한 심각성에도 우크라이나 사태를 계기로 또다시 EU의 역량에 대한 의문이 제기되고 있다. 과거 유럽대륙에서 벌어졌던 일련의 안보 위기 상황에 EU는 적절한 대응을 하지 못했고, 그때마다 EU의 외교·안보·방위 분야의 통합 필요성이 제기되었으나 특별한 성과를 거두지는 못했다. 우크라이나 사태로 또다시 외교·안보 분야에서 EU의 역량 강화, 즉 통합의 필요성이 강조될 수밖에 없으며, 우크라이나 사태의 향방은 향후 EU의 행보뿐만 아니라 유럽 안보 구조의 재편에 변곡점이 될 수도 있다.

EU의 외교안보 고위대표(High Representative for Foreign Affairs and Security Policy, HRVP)인 보렐(Josep Borrell)은 2022년 1월 우크라이나를 방문하여 우크라이나의 주권과 영토보전에 대한 EU의 지지를 강조하였다. 러시아와 우크라이나 사이에 긴장이 이미 고조되어 있었던 상황에서 EU의 외교안보 수장은 러시아가 긴장을 완화시켜야 하며, 민스크 협정의 준수와 대화를 통한 문제 해결만이 러시아에게도 최선의 방법임을 역설하였다.

무엇보다도 우크라이나 사태를 계기로 유럽의 안보 지형이 위기에 빠졌음을 직시하고 보다 강경한 EU의 대응을 예고하기도 하였다. 보렐은 우크라이나 사태가 전체적인 유럽 안보에 영향을 미칠 수 있기에, EU는 유럽의 안보 문제에 지속적으로 관여할 것이며 EU 없이 그 어떤 것도 결정될 수 없음을 강조하기도 하였다 (The EU will continue to be involved in any discussions that affect our security and nothing could be decided about us, without us.).[1] 러시아의 우크라이나에 대한 침공 가능성이 높아지던 시기 EU는 우크라이나 문제를 좌시하지 않을 것임을 외교안보 수장의 입을 빌려 명확히 한 것으로 이해할 수 있다. 그만큼 우크라이나 문제가 EU에게, 나아가 유럽 전체의 안보 상황에 영향을 줄 수 있음을 인식하고 있었다.

EU는 2014년 러시아의 크림반도 합병 이후, 우크라이나에 대한 지원을 약 170억 유로로 급격히 확대하였다. 이는 우크라이나의 러시아에 대한 경제적 의존을 낮추기 위함이 주목적이었다. 또한 2014년 EU-우크라이나 '협력 협정(Association Agreement)'과 그 일환인 '포괄적 자유무역협정(Deep and Comprehensive Free Trade Area, DCFTA)'을 체결하면서 EU는 러시아를 밀어내고 우크라이나 최대 교역 상대국으로 부상하였다. EU와 우크라이나가 2014년에 협정을 체결한 것은 다분히 전략적인 선택이라고 볼 수 있다. 우크라이나 국내적으로는 야누코비치 정권을 교체하였고, 대외적으로는 민주적 독립국가로서 '우크라이나의 유럽 선택(Ukraine's European choice)'을 부정하는 러시아의 시도에 대한 저항을 의미하기 때문이다.[*2] 아울러 EU는 2021년 12월, 조지아, 몰도바, 말리 및 우크라이나 지원을 위한 '유럽평화기금(European Peace Facility, EPF)'을 채택하고 우크라이나 군대

[*1] EEAS, "EU support to Ukraine and the security architecture in Europe" (January 09 2022),
https://eeas.europa.eu/headquarters/headquarters-homepage_en/109462/EU%20support%20to%20Ukraine%20and%20the%20security%20architecture%20in%20Europe (검색일: 2022.03.15.).

[*2] Emerson, Michael & Movchan, Veronika(eds.), *Deepening EU-Ukrainian Relations: What, why and how?* (Brussels: Centre for European Policy Studies, 2018) p.2.

지원에 3천백만 유로를 지원하기로 결정하였다.[*3]

그러나 다른 한편으론 우크라이나가 EU와 협력 협정 체결을 추진했던 것이 우크라이나의 NATO 가입 문제와 함께 러시아와 우크라이나의 갈등을 첨예화한 요인으로 꼽힌다. 소련 붕괴 후 탈러 정책의 일환으로 우크라이나는 러시아 주도의 다양한 유라시아 지역의 협력 및 통합 정책에 소극적인 모습을 보이면서, 오히려 EU와의 협력 확대를 도모하였다. 여기에는 2008년 러시아의 조지아 침공을 계기로 EU가 동유럽 및 남부 코카서스 지역의 6개 국가 — 아르메니아, 아제르바이잔, 벨라루스, 조지아, 몰도바, 우크라이나 — 에서 안보, 번영, 민주주의 및 법의 지배 확립을 목적으로 이 국가들과의 관계를 강화하기 위한 '동방 파트너십(Eastern Partnership, EaP)'을 출범한 것이 출범이 일종의 기폭제가 되었다.[*4] 우크라이나는 EaP 차원에서 EU와의 협력 협정 및 자유무역지대 설립에 착수했으나 친러시아 보수파인 야누코비치 정권은 러시아의 압력과 회유로 2013년 11월 협력 협정 및 자유무역지대 설립 유보를 선언하였다.[*5] 이는 우크라이나에서 '유로마이단(Euromaidan)' 봉기를 촉발

[*3] Council of the EU, "European Peace Facility: Council adopts assistance measures for Georgia, the Republic of Moldova, Ukraine and the Republic of Mali" Press Release(December 2 2021), Brussels: Council of the European Union.

[*4] EaP는 EU와 6개국의 정치적 제휴 및 경제적 통합을 강화할 목적으로 'EU의 인접국에 대한 정책 또는 유럽근린정책(European Neighbourhood Policy, ENP)'의 일환으로 시행되었으며, 2021년 벨라루스는 EaP 참여를 중지하였다. 이와 관련하여서는 European Council, "Eastern Partnership" https://www.consilium.europa.eu/en/policies/eastern-partnership/ (검색일: 2022.03.17.) 참조.

[*5] 김훈, "EU의 유럽근린정책이 동방 파트너십 국가의 거버넌스 증진에 미치는 영향:

하였다. 뿐만 아니라 2014년 3월 러시아의 크림반도 합병과 우크라이나 동부 돈바스 지역에서 벌어진 유혈 분쟁은 우크라이나에 친EU 성향의 포로셴코 정권 수립과 우크라이나가 본격적으로 친유럽 성향의 길로 들어서는 데 결정적 원인이 되었다. 당시 포로셴코 정부는 2020년 EU 가입을 목표로 하였고, EU도 우크라이나에 대한 단독 지원 체제를 채택하여 우크라이나의 주권과 영토보존을 위한 이를테면 바람직한 거버넌스(good governance), 경제발전, 에너지 안보 등과 같은 부문별 지원 정책을 시행하였다.[*6]

우크라이나의 친EU 행보는 EU가 중요시하는 가치들(민주주의, 법의 지배, 인권 존중, 유럽 안보질서 등)을 받아들임으로써 우크라이나가 유럽을 선택했음을 현실화하는 정치적 목적을 가지고 있으며, EU와의 경제 관계를 증진시켜 우크라이나의 경제를 현대화 및 발전시키겠다는 경제적 목적도 있다.[*7] 물론 EU 입장에서도 우크라이나의 안보 불안은 EU로의 난민 유입 등의 문제를 야기할 뿐만 아니라 우크라이나가 EU의 EaP 정책의 일종의 롤모델이라는 점에서 동부 유럽, 특히 다른 EaP 국가들과 EaP 정책 자체에도 부정적인 영향을 미칠 수밖에 없다. 또한 우크라이나는 EU로 공급

우크라이나, 조지아, 몰도바 사례를 중심으로" 『유럽연구』 40(1) (2022), p.222. 당시 러시아는 우크라이나와 EU의 협력 강화가 러시아가 주도하는 '유라시아 경제연합(Eurasian Economic Union)'에 저해된다고 판단하여 우크라이나에 대한 무역규제 조치를 취하고 협력 협정 유보를 조건으로 150억 달러의 차관을 제안했다.

[*6] 이와 관련하여서는 European Commission, "Commission Decision, Programming of the European Neighbourhood Instrument(ENI): 2017-2020, Single Support Framework for EU support to Ukraine(2018-2020)", C(2017)8264 fina, (November 12, 2017), European Commission 참조.

[*7] Emerson, Michael & Movcahn, Veronika(eds.)(2018), p.2.

되던 러시아산 가스의 통로이자 유럽 최대의 전기 생산국으로서 주변 EU 회원국에게 전기를 공급한다는 점[*8] 이외에도 경제적 측면에서도 EU에게 중요한 의미를 갖는다. 우크라이나는 4천 5백만 인구와 유럽에서 가장 비옥한 영토를 보유한 경제적 잠재력이 높은 시장으로 평가되고 있다. 무엇보다도 우크라이나의 사회적 분열이나 민주화의 퇴조 등이 지속된다면 우크라이나에 대한 러시아의 영향력이 확대될 수밖에 없다는 점도 EU의 우크라이나에 대한 지원이 중요한 이유라고 할 수 있다.

그러나 EU와 우크라이나의 관계가 소위 '행복한 결말(happy ending)'로 진행되는 데에는 EU와 러시아의 경제 방정식이 핵심적인 요소로 작동한다. 유럽 이사회(European Council)에 따르면 2020년 기준 EU는 러시아 전체 교역의 37.3%를 차지하는 러시아의 최대 교역국이다. 러시아는 EU 교역의 4.8%를 차지하는 5번째 교역 상대국이나, EU와 러시아의 경제 방정식의 핵심에는 그 순위보다도 EU의 러시아에 대한 높은 에너지 의존도가 자리 잡고 있다. 2019년 기준 EU는 전체 원유 수입의 27%, 천연가스 수입의 41%, 석탄 등의 고체 연료 수입의 47%를 러시아에 의존하고 있다.[*9] EU 회원국별 에너지 수입 의존도에는 차이가 있지만 EU의 평균 에너지 수입 의존도는 2000년 56%에서 2019년 61%로 오

[*8] Shumylo-Tapiola, Olga, "Why Does Ukraine Matter to the EU?" (Carnegie Europe 2013).

[*9] Eurostat, "From where do we import energy?" https://ec.europa.eu/eurostat/cache/infographs/energy/bloc-2c.html (검색일: 2022.3.21.).

히려 상승되었고 그 중심에는 러시아가 있다.

이러한 러시아에 대한 높은 에너지 의존은 EU가 러시아 문제를 다루는 데 있어 약점이 되고 있으며, 러시아는 역으로 EU의 에너지 불안을 레버리지로 활용할 수 있다. EU가 2014년 러시아의 크림반도 합병 이후 러시아에 대한 경제 제재를 취해 왔으나, 실질적으로 경제 제재의 효과나 러시아의 우크라이나에 대한 긴장 완화 효과를 거두지 못한 것도 에너지 수입 문제를 둘러싼 EU와 러시아 관계의 특수성 때문이다. 물론 EU가 러시아의 에너지 자원 수출에서 차지하는 비중이 높다는 점에서 러시아 에너지 자원 수출에 대한 제재는 EU가 사용할 수 있는 카드이지만, 동시에 러시아가 활용할 수 있는 대EU 보복 조치이기도 하다.

이러한 점에서 러시아에 대한 경제 제재는 EU에게도 상당한 경제적 피해를 줄 것이라는 분석이 지배적이다. 이는 러시아와 EU 간의 유기적 경제 구조가 형성되어 왔기 때문이기도 하며, 무엇보다도 EU의 러시아에 대한 에너지 의존 때문이다.

EU의 대응: 공조와 이견 사이

2014년은 우크라이나 내부적으로 상당히 혼란스러웠던 시기였다. 2013년부터 전개된 반정부 시위, 이른바 유로마이단 존엄혁명(Euromaidan Revolution of Dignity)으로[10] 우크라이나 시민들의 반러 감정이 고조되고 정부와 반정부 시위대, 구세력과 신민주 세력, 그리고 친러파와 친서방파의 대립 등 우크라이나 시민들 간 대립과 갈등이 첨예해지는 상황이 지속되었다. 극심한 혼란에 처한 우크라이나 정부는 법 집행(law-enforcement)과 법의 지배에 따른 제도의 개혁, 그리고 무엇보다도 우크라이나 국민들 간 신뢰의 회복을 목표로 EU에 지원을 요청하였고, 이를 위한 'EUAM Ukraine(European Union Advisory Mission Ukraine)'이 창설되었다([그림 3-1] 참조).

[그림 3-1] EUAM의 비전과 임무

EUAM Vision
A civilian security sector for Ukraine that is efficient, accountable and enjoys the trust of the public.

EUAM Mission
To assist relevant Ukrainian authorities towards a sustainable reform of the civilian security sector through strategic advice and practical support for specific reform measures based on EU standards and international principles of good governance and human rights.

출처: EUAM Ukraine,

EU는 2014년 러시아의 크림반도 합병 이후 다양한 측면에서 우크라이나에 대한 지원을 시행해 왔고, 최근에는 우크라이나 군대

---

[10] 유로마이단 저항 운동은 2013년 11월 우크라이나 정부가 EU와의 FTA 체결을 연기하는 법안을 의회에서 통과시키면서 이를 반대하는 시민들의 저항으로 시작되었다. 2004년 오렌지 혁명 이후 벌어진 대규모 저항 운동으로 2014년 야누코비치 정부를 무너뜨리고 새로운 정부를 성립시키는 성과를 이루어냈다. 이와 관련하여서는 홍석우, "우크라이나 유로마이단의 문화적 해석: 소통과 축제, 그리고 창작의 공간," 『동유럽발칸연구』 39(1) (2015), pp.153-179 참조.

에 3천 1백만 유로를 지원하는 계획을 채택하였다. EU는 우크라이나의 코로나19 극복을 위해 동부 유럽 파트너 국가들 중 최고액인 2억 유로를 지원하였고, 12억 유로의 긴급 재정 지원 기금을 제공하기도 하였다.[11]

우크라이나에 대한 지원에도 불구하고 EU는 러시아와 우크라이나 간의 갈등에 있어 핵심적인 역할은 하지 못하고 있다. 근본적인 원인은 러시아의 크림반도 합병 이후 지속되어 온 러시아와 우크라이나의 군사적 긴장 고조에도 EU 주도의 군사적 지원이 부재했기 때문이다. 우크라이나의 NATO 가입과 함께 논의되어 오던 사안이 EU 가입이었으나 EU에 군사적 지원을 기대할 수 없었던 우크라이나는 러시아와의 긴장 고조 상황과 러시아의 우크라이나 침공 시에 NATO에 지원을 요청할 수밖에 없다. 우크라이나의 안보 문제에 대해서는 EU가 아닌 NATO에 의존하는 것이 유일한 방법이었다는 의미이다.

우크라이나 사태가 단지 러시아의 우크라이나에 대한 군사적 침공의 문제에만 국한되지 않음을 EU는 분명히 인식하고 있다. 러시아와 우크라이나의 군사적 충돌에 대한 EU 차원의 안보 체계가 갖추어져 있지 않은 현 상황은 EU의 안보 불안을 2차 대전 이후 최고조로 가중시키고 있다. 가장 핵심적인 사안은 유럽에서 러시아의 군사적 긴장 고조 정책을 포기시킬 수 있는 어떤 기재도 EU가

---

[11] EEAS, "EU support to Ukraine and the security architecture in Europe" https://eeas.europa.eu/headquarters/headquarters-homepage_en/109462/EU%20support%20to%20Ukraine%20and%20the%20security%20architecture%20in%20Europe (검색일: 2022.03.15.).

가지고 있지 않다는 점이다.

현재 EU가 취하고 있는 조치는 러시아에 대한 제재 정도이다. EU는 2022년 3월 15일 러시아의 우크라이나에 대한 침공에 대한 제4차 제재 조치(4th package of sanctions)를 회원국 만장일치로 채택하였다. 제4차 제재 조치는 고가 사치품 수출 금지, WTO 최혜국대우 박탈, 철강 수입 금지 등 전례 없는 고강도의 제재에의 EU 차원의 단합됨을 보여주었다. 하지만 4차 제재 조치에는 러시아의 에너지 프로젝트에 대한 투자 금지 조치를 포함하고 있지만 가장 핵심적이라고 할 수 있는 러시아산 에너지 수입 문제는 제외되었다.[12] 앞서도 언급한 바와 같이 러시아와의 교역과 러시아의 수출에서 가장 중요한 비중을 차지하는 러시아산 에너지 수입 금지가 러시아를 상대로 한 가장 강력한 결정타임은 분명하다. 그러나 EU의 제재 결정이 이사회의 만장일치로 채택된다는 점을 고려할 때, 러시아 에너지 수입금지 조치가 제재에서 제외된 것은 러시아산 에너지에 대한 제재를 둘러싸고 회원국 간 의견 차이가 있었음을 알 수 있다.[13] 미국의 러시아산 원유와 가스 수입 금지 조치와는 다르게 러시아산 에너지에 대한 의존도가 높은 EU는 러시아 에너지에 대한 제재 조치가 결국은 부메랑이 되어 EU 경제에 악영향을 미칠 것을 알고 있다. 물론 EU도 3월 8일, 2022년까지 러시

---

[12] EU는 2022년 4월 8일 제5차 제재 조치를 채택하였다. 5차 조치는 EU가 러시아산 에너지를 겨냥해 처음으로 합의한 제재 조치로 러시아산 석탄 수입 금지를 포함하고 있다. 그러나 제5차 제재 조치에서도 EU는 회원국들 간 이견으로 러시아산 석유와 천연가스 수입 중단 합의에는 실패하였다.

[13] ABC News, "EU agrees on Russia sanctions so far, but energy divides" (March 25 2022).

아산 가스 수입의 2/3를 감축하여 의존도를 낮추고, 2030년 이전 러시아의 화석연료로부터 독립하겠다는 계획을 발표하였다.[14] 그러나 유럽 집행위원회의 계획이 회원국들에 대한 법적 구속력을 가지고 있지 않다는 점에서 결국 이러한 계획의 실현은 회원국의 손에 달려 있다. 우크라이나 사태 이전부터 EU차원의 에너지 전환 계획에 대한 회원국들의 의견은 분분했고, 에너지 가격 상승으로 인한 회원국들의 내부 불만은 이미 증폭되어 있는 실정이기도 하다. 이는 집행위원회의 계획대로 회원국들이 이행하는 것이 쉽지 않은 일임을 의미한다.[15]

우크라이나 사태에 대한 EU의 대응이 제한적이기는 하나 주목할 만한 점도 있다. 이는 우크라이나 사태에 대한 독일의 정책 변화이며, 일각에서는 우크라이나 문제에 대처하는 EU 정책의 변화에 분기점이라는 평가도 있다.[16] 러시아 제재에 신중한 모습 — 예를 들어, 1월 말 독일은 우크라이나에 군사용 헬멧 5천개 제공 등 — 을 보였던 독일의 숄츠(Olaf Scholz) 총리는 2차 대전의 전

---

[14] European Commission, "REPowerEU: Joint European action for more affordable, secure and sustainable energy" Press Release(March 8 2022), European Commission.

[15] 이에 더해 EU와 미국은 3월 25일 공동 성명을 통해, 미국은 국제 파트너들과 협력하여 2022년까지 EU에 액화천연가스(LNG) 150억㎥를 공급하고, 2030년까지 최소 연 500억㎥를 EU에 공급하는 것을 목표로 한다고 밝혔다. 이와 관련하여서는 European Commission, "Joint Statement between the European Commission and the United States on European Energy Security", Statement(March 25, 2022), European Commission를 참조하라.

[16] Crosson, Dylan Macchiarini, "The European Peace Facility: Supporting Ukraine and bolstering the EU's strategic responsibility" (Brussels: Centre for European Policy Studies, 2022).

범국으로서 분쟁지역에 무기 수출을 금지해 오던 기존의 대외정책에 대전환을 선언하였다. 그 출발은 우크라이나에 공격용 무기(대전차 무기 1천정과 지대공 스팅어 미사일 500기)를 공급한다고 밝힌 것이다. 이와 더불어 독일은 올해 국방비로 1,000억 유로를 증액하고, 국방비를 국내총생산 대비 2% 이상으로 늘리겠다고 발표했다.[17] 이보다 앞서 독일은 러시아산 가스 공급을 위해 설치한 노드스트림 2(Nord Stream 2) 개통을 위한 승인을 중지하기로 결정하기도 하였다. 미국은 노드스트림 2가 독일을 포함한 EU의 러시아에 대한 에너지 의존을 더욱 가중시킬 것이라며 지속적으로 반대했음에도 노드스트림 2 건설을 강행했던 독일이었으나, 러시아의 우크라이나 침공 이후 가스관 승인을 불허한 것이다. 이러한 독일의 정책 전환은 독일이 단순히 경제적 강자가 아닌 유럽의 중심에서 경제력에 걸맞게 외부 위협으로부터 자국과 동맹국들을 보호하는 책임을 하겠다는 의지의 표현이다. 특히 노드스트림 2의 승인 절차 중단 결정은 냉전 시기였던 1970년대 이후 독일 사회민주당(SPD)의 브란트(Willy Brandt) 총리가 채택하여 시행되어 오던 동방정책(Ostpolitik)의 중단을 또한 의미하기도 한다. 동방정책은 러시아가 2008년 조지아 침공, 2014년 크림반도 병합, 2015년 독일 의회에 대한 사이버 공격, 푸틴 정적인 나발니(Navalny)에 대한 독살 시도와 수감 등의 사건 등에도 지속되었던 정책이라는 점에서 이번 독일의 조치는 특별하다고 할 수 있다.

---

[17] SPIEGEL International, "Germany Completes Historic Foreign Policy About-Face", (February 28 2022).

사실상 숄츠 총리의 독일 외교정책 전환에 대한 선언 이후 바로 다음날인 2022년 2월 28일, EU도 우크라이나를 위한 살상용 무기와 장비에 4억 5,000만 유로, 그리고 추가적으로 연료와 보호용 장비 등을 위해 5천만 유로 지출을 승인하였다. '유럽 평화기금(EPF)'을 통해 무기와 군사적 장비부터 공격용 전투기에 이르기까지 살상용 장비들이 EU 역사상 처음으로 제3국에 지원된다는 점에서 상당한 의미가 있는 조치라고 할 수 있다. 이와 관련하여 EU의 외교안보 고위대표인 보렐은 '유럽은 평화를 원하나 유럽이 그 평화를 지킬 준비가 되어 있어야 한다'고 강조했다.[18] 우크라이나 사태는 EU가 보다 적극적인 외교안보 정책으로 전환하는 데 원동력이 되었으며, 최소한 우크라이나에서 전쟁이 지속되는 한 '일시적 유럽 방위 연합(temporary European Defence Union)'으로 EU가 그 역할을 수행할 수도 있음을 의미한다.[19]

회원국을 비롯한 EU의 대외정책의 전환에도 불구하고 여전히 EU가 직면한 과제는 외교안보 정책을 시행하는 데 있어 회원국들의 정치적 결단이 가능한가의 여부이다. 러시아의 우크라이나 침공 이후 EU 회원국들은 하나의 목소리를 내고 있는 듯 보임에도 여전히 정책에 대한 이견이 상존하는 것이 현실이다. 러시아의 침공 전, EU와 NATO의 러시아 침공에 대한 단일한 대처라는 한 목소리에도, 회원국 사이에서는 러시아를 어떻게 제어할 것인지, 러시아의 우크라이나 침공 시 어떤 조치들을 취할 것인지 등에서 합의

---

[18] Crosson, Dylan Macchiarini(2022).
[19] 상동.

된 결론을 도출하지 못했던 것이 사실이다. EU를 탈퇴한 영국과의 정책 이견은 차치하더라도 EU 핵심국인 독일과 프랑스도, 그리고 다른 회원국들도 그들이 처한 특성 — 예를 들어, 러시아와의 지리적 근접성, 러시아에 대한 에너지 의존도의 정도, 역사적 이유 등 — 에 따라 다양한 의견들을 표출하였다.

EU가 러시아의 우크라이나 침공에 전례에 없는 정책으로 전환하는 모습을 보이고 있음에도 회원국 간 이견의 핵심은 우크라이나 사태에 대한 EU의 대응 그 자체보다는 결국 외교안보 및 방위 분야에서 EU의 역할을 어떻게 규정할 것인가에 있다. 즉, 우크라이나 사태를 계기로 향후 EU 외교안보 정책의 방향을 설정하는 것이 EU의 근본적 고민이다. 어떻게 보면 2차 대전 이후 유럽통합이 진행되어 오면서 뚜렷한 성과를 내지 못했던, 그럼에도 유럽대륙에서 벌어지는 다양한 안보 위협 상황을 겪으면서 매번 인식되었던 외교안보 및 방위 분야에서 EU의 역할에 대한 논란이라고 할 수 있다.

러시아의 우크라이나 침공으로 러시아의 세력 확장에 보다 직접적으로 위협을 느끼는 동유럽 및 발트해 국가들은 EU의 역할 확대에 크게 매력을 느끼지 못하는 분위기다. 오히려 미국 주도의 핵 등을 활용한 강력한 대응을 강조하고 있으며, 프랑스 등을 중심으로 서유럽 국가들이 주도하는 안보 및 방위 정책의 추진은 미국의 적극적인 참여를 약화시켜 안보 위기를 초래할 수 있다는 입장이다. 더욱이 러시아에 대한 유화 정책으로 러시아와 경제적 관계를 증진시켜야 한다고 주장하는 회원국도 있으며, 힘의 과시를 통한 군사적 해결을 강조하는 회원국도 있다.

  이러한 시점에서 EU가 보다 독자적인 행보를 취할 필요가 있다고 강조하는 프랑스가 특히 주목을 받고 있다. 2022년 상반기 의장국인 프랑스는 우크라이나 사태를 계기로 NATO의 역할을 축소하는, 즉 EU 주도의 유럽 안보 프레임을 구축하려는 야심을 가지고 있음을 공공연히 밝히고 있다. 프랑스의 마크롱(Emmanuel Macron) 대통령은 러시아의 우크라이나 침공 전 유럽 의회 연설에서 이 지역의 긴장 완화를 위해 EU가 러시아와 독자적인 대화를 추진해야 한다고 주장하였다. 나아가 2021년 12월 EU 의장국 수행 관련 기자회견에서 "유럽은 강력하고, 완전히 독립적이며, 선택에 있어 자유롭고 유럽의 운명을 결정하는 주인(Europe powerful in the world, completely sovereign, free in its choices and the master of its destiny)"임을 강조하고 유럽 공동 방위 정책 개혁의 필요성을 강조하였다.[20] 마크롱은 과거에도 유럽의 안보 문제와 관련하여 미국에 대한 과도한 의존이 아닌 스스로 유럽의 방위에 대한 책임을 져야 함을 강조하고, 유럽이 전략과 방위의 자율성(defence autonomy)을 가질 때 유럽과 러시아가 전체 유럽대륙의 안정을 유지하는 유럽 안보 체계(European security architecture)를 논의할 수 있다고 밝혔었다.[21] 프랑스

---

[20] French Presidency of the Council of the European Union, "French President Emmanuel Macron Press Conference Speech" (December 13, 2021)
https://presidence-francaise.consilium.europa.eu/en/news/french-president-emmanuel-macron-press-conference-speech/
(검색일: 2022.03.11.).

는 미국의 대외정책이 중국을 중심으로 하는 인도-태평양 지역에 초점을 맞추고 있는 현 상황이 EU가 주도하는 유럽 안보 질서를 구축하는 최적의 타이밍으로 보고 있는 형국이다.

그러나 EU가 외교정책에 있어 완전한 권한을 가지고 있지 않은 상황에서 회원국 간 이견차가 존재한다는 점을 고려하면 마크롱의 계획이 현실화 될 가능성이 높지 않은 것도 사실이다. 다른 한편으로는 유럽의 독자적인 방위 정책 추구가 궁극적으로 러시아가 원하는 방향과 부합할 수도 있다. 대서양 동맹과 NATO로 점철되어 있는 미국과 유럽의 군사적, 방위적 결합을 분리시키는 방안은 궁극적으로 NATO의 분할 또는 무력화를 의미하기 때문이다.

EU 회원국들이 보여주는 입장의 차이는 러시아가 EU의 지정학적 힘과 영향력을 경시할 수 있게 하는 근거로 작용하고 있다. 러시아는 2021년 발표한 국가안보전략에서 미국에 대한 억지, 중국 및 인도와의 파트너십을 강조하였으나 EU에 대해서는 언급조차 하지 않았고, 이는 러시아의 대외정책에서 EU가 중요한 행위자로 고려되고 있지 않음을 방증하는 것이다.[22]

우크라이나 사태 해결을 위한 협상에서도 EU는 주요한 행위자로 초대받지 못했던 것이 현실이다. 우크라이나의 긴장 상태가 고

---

[21] AP News, "Macron says Europe's security architecture must be rethought" (August 31, 2018).

[22] Saradzhyan, Simon, "Russia's New Security Strategy: Deter US, Ignore EU, Partner with China and India" Russia Matters, (July 15 2021), Harvard Kennedy School Belfer Center for Science and International Affairs.

조되던 2022년 1월, 우크라이나 사태 해결을 위한 미국과 러시아의 제네바 협상, 벨기에 브뤼셀의 NATO 본부에서 진행된 NATO와 러시아의 고위급 협상, 그리고 오스트리아 빈에서 개최된 유럽안보협력기구(Organisation for Security and Cooperation in Europe, OSCE)와 러시아의 협상 어디에도 EU를 위한 자리는 없었다. 협상이 진행되던 당시 2022년 1월 16일, EU 외교장관들도 프랑스에서 비공식 회의를 열고 우크라이나 사태를 논의하였으나 영토 보존과 주권이라는 유럽 안보의 기본 원칙, 회원국들 간 협조의 중요성, 러시아의 침공 시 제재 조치 채택과 사태 해결을 위한 외교적 노력 등 원론적인 사안에 대한 합의만 이루어졌다.[23] 1월 24일 개최된 EU 외교장관 회의에서도 미국과 긴밀히 공조한다는 원칙에 대한 합의만 이루어졌고, 오히려 에너지 및 금융(예: 러시아의 SWIFT 배제 여부 등) 분야에서 러시아에 대한 제재 범위, 독일의 우크라이나 지원 문제, 그리고 마크롱 대통령의 유럽 안보 구상 등의 문제로 분열되는 모습을 보였다.[24] 사실상 프랑스의 외교장관인 르드리앙(Jean-Yves Le Drian)도 1월 초 미디어 인터뷰에서 러시아가 우크라이나 문제와 관련하여 EU를 무시하고 미국과 직접 대화하려 한다고 밝혔다.[25]

---

[23] French Presidency of the Council of the European Union, "Informal Meeting of Foreign Ministers" (January 16 2022) https://presidence-francaise.consilium.europa.eu/en/news/press-release-informal-meeting-of-foreign-ministers-gymnich/
(검색일: 2022.03.11.).

[24] EURACTIV, "Blinken to join EU foreign ministers teleconference as Ukraine tensions rise" (January 24, 2022).

[25] REUTERS, "France says Putin trying to bypass EU over Ukraine by

우크라이나 사태가 EU의 앞마당에서 벌어지고 있고 EU가 안보 위협의 가장 직접적인 대상임에도 불구하고 사실상 미국조차 EU를 무시하고 우크라이나 문제를 처리하는 데 주저하지 않는 모습을 보이고 있는 형국이다. 이러한 현재의 상황은 흡사 2차 대전 이후 미국과 러시아가 유럽의 미래를 결정할 때와 별반 다르지 않다는 평가가 지배적이다. 그 이후에도 사실상 현재까지 유럽의 안보 문제에 있어 EU의 역할은 미국이 전략을 결정하고 유럽이 부담을 공유하는 '미국의 보조역할(second-fiddle to Washington)'에 한정되었던 것이 사실이다.[26] 결국 EU 내부에서 우크라이나 문제를 포함한 유럽의 안보 및 방위 이슈에 대한 분열은 유럽대륙에서의 안정과 불안정이 미국과 러시아 정부에 달려 있다는 것을 의미한다.

우크라이나 사태에 대한 EU의 대응은 기존의 EU 외교안보 및 방위정책이 — 최소한 현재는 일정 부분 — 전환되었음을 명백히 보여주고 있다. 그러나 우크라이나 사태가 어떤 방향으로든 해결된 이후 EU 외교안보 정책이 다시 제자리로 돌아올 것인지, 아니면 프랑스의 바람처럼 EU 차원의 안보 및 방위 정책을 수립하는 방향으로 진행될지 예측하긴 어렵다. 또는 우크라이나 사태가 장기화하는 경우에도 EU가 현재의 대응 기조를 계속 유지할 수 있는지도 명확치 않다. 그러나 우크라이나 사태를 겪으면서 EU 회원국들 중

---

talking solely to U.S." (January 7 2022).

[26] Hutt, David. "EU-China deal may give Biden's team more options." Asia Times(December 31, 2020).

스웨덴, 핀란드, 아일랜드 등에서 NATO 가입을 지지하는 여론이 증가하고 있다는 점은 여전히 EU가 아니라 NATO가 유럽 안보의 중심이라는 인식이 지배적임을 말해준다. 우크라이나 사태는 분명 EU가 우크라이나 사태와 같이 유럽의 안보에 위협이 되는 사안을 처리하는 데 여전히 한계가 있음을 보여주고 있다. 다른 한편으로는 유럽대륙에서 평화를 유지하겠다는 유럽통합의 목표를 위해서는 EU 차원의 안보 구축 방안이 필요하다는 점도 일깨워 준다. 이러한 한계를 극복하고 필요성을 충족시킬 수 있는 방법은 결국 회원국들의 정치적 결단이다. 그러나 유럽통합의 역사는 외교안보 및 방위 분야에서의 통합이 결코 쉽지 않음을 증명해 왔다.

제5장

딜레마 속의 중국

제5장 　딜레마 속의 중국

러시아와 우크라이나 사이의 중국

2022년 2월 24일 러시아의 우크라이나 침공은 2001년 미국의 이라크 침공만큼이나 전쟁 이후의 세계질서를 바꿀 사건으로 평가되고 있다. 유엔 안보리 상임이사국인 러시아가 긴급 회원국 회의에서 주권국가에 대한 침공을 선언한 것은 매우 강렬한 인상을 남긴 장면이 되었다. 유엔이 구현하고자 했던 규범으로 이루어진 세계질서를 파괴하는 행위였기 때문이다.[*1] 국제경제 차원에서도 마찬가지이다. 국제통화기금(IMF)은 우크라이나 전쟁이 장기적으로 세계 경제 질서를 바꿀 수 있다고 경고했다. 우크라이나 전쟁이 "에너지 교역 변화와 공급망 재구성, 결제망 파편화, 각국의 준비통화 보유 재고 등에 영향을 미쳐 장기적으로 세계 경제와 지정학적 질서를 근본적으로 변화시킬 것이며, 지정학적 긴장이 무역 및

[*1] Charlie Campbell, "How Russia's Invasion of Ukraine Could Change the Global Order Forever," Time, Feb. 24, 2022.
https://time.com/6150874/world-order-russia-ukraine/ (검색일: 2022년 3월 20일)

기술 분야에서의 분열을 가속화할 것"이라고 분석했다.*2

코로나 팬데믹과 미·중 경쟁의 영향으로 세계경제 및 외교안보 질서가 흔들리는 전환기에 전략적 단층선에서 벌어지는 전쟁의 상황 속에서 세계인들의 시선은 자연스레 중국을 향하고 있고 중국의 입장을 묻고 있다. 중국이 러시아와 각별한 관계를 맺고 있기 때문이다. 시진핑 주석은 국가주석으로 취임한 2013년 이래 푸틴 대통령과 38번 만났다.*3 두 지도자가 집권한 이래 중국과 러시아 양국 관계는 기본적으로 경쟁 및 갈등의 요인이 크게 줄어들었고 협력요인이 압도적으로 확대되었다.*4

2021년은 "중·러 선린우호협력조약" 체결 20주년이었다. 시진핑과 푸틴은 온라인 회의를 통해 세대를 이어 우호관계를 지속하고 협력과 상생의 관계를 지속하자며 선린우호협력 조약의 지속을 선언하기도 했다. 서구 국가들의 베이징 동계올림픽 보이콧 속에서도 푸틴은 침공 직전 개막식에 참석하고 개막식 당일 천연가스에 대한 초대형 수출 계약을 성사시켰다.

이런 정황을 고려하면 우크라이나 사태에서 중국은 러시아 편

---

*2 Alfred Kammer, Jihad Azour, Abebe Aemro Selassie, Ilan Goldfajn and Changyong Rhee, "How War in Ukraine Is Reverberating Across World's Regions," IMFBlog, March 15, 2022. https://blogs.imf.org/2022/03/15/how-war-in-ukraine-is-reverberating-across-worlds-regions/ (검색일: 2022년 3월 20일)

*3 解放军报, "习近平主席和普京总统将举行自2013年以来第38次会晤," 2022년 2월 2일자.

*4 김재관, "시진핑-푸틴 집권기 중러관계의 신추세에 관한 연구," 《중소연구》, 44(4), 2021, 233-284.

을 드는 것이 자연스럽다. 하지만 중국은 계속 중립적인 태도를 보여 왔다. 러시아에 대한 경제 제재에는 반대하면서 우크라이나에 대한 인도적 지원과 협상을 통한 종전을 주장해 왔다.[*5] 이러한 상황에서 러시아의 우크라이나 침공 기간 중국의 대외정책 의도를 살펴보는 것은 중국의 입장 이면에 어떤 논리가 개입되어 있는지를 살펴보는 일이기도 하다. 물론 그 핵심은 중국이 러시아와 서구가 충돌하는 동안 자국의 이익을 극대화하는 동시에 중국의 경제와 안보에 대한 피해를 최소화하는 것에 있을 것이다.

우크라이나의 수도 키이우는 베이징으로부터 6,500km 떨어져 있지만, 중국의 지정학적 이익이 매우 큰 곳이다. 특히 우크라이나의 운명을 결정지을 현재의 위기 속에서 그 지정학적 가치는 더 커지고 복잡해졌다. 우크라이나는 소련이 해체된 후 핵무기를 포기하고 서방 국가들과의 관계 개선에 주력하면서 NATO에 가입하기 위해 노력해 왔다. 러시아에서는 일부 관영매체를 포함하여 우크라이나를 독립국으로 인정하지 않으려는 여론이 존재한다. 특히 푸틴 집권 이후부터 국수주의적 교육이 활발해지면서 러시아 내에서는 우크라이나가 서방의 계략으로 독립되었기 때문에 통합해야 할 지역이라고 생각하는 사람들이 늘었다. 반면 우크라이나는 러시아를 멀리하고 서방 진영에 가까워지려고 노력해 왔다. 이에 대해 러시아는 계속 우크라이나를 압박해 왔는데, 작년 11월부터 이상 징후가 나타나기 시작했다. 우크라이나 접경 지역에 러시아군 9만 명 이상을 배치한 것이다. 이후 미국 언론에서 정보기관의 보고서를

[*5] 中国网, "外交部就中方在乌克兰问题上的立场等热点答问," 2022년 3월 17일자.

인용하여 러시아가 17만여 명의 병력으로 침공을 감행할 것이라는 전망이 보도되었다.

러시아가 우크라이나를 압박하는 동안 중국은 공식적으로 어떤 의견 표명도 하지 않다가 지난해 12월 15일, 시진핑 주석이 푸틴 대통령과의 화상회담에서 "러시아의 입장을 지지한다"는 입장을 내놓았다. 미·중 전략경쟁의 흐름 속에서 시진핑과 푸틴이 중·러 관계를 강화하는 중이기 때문에 러시아와의 관계에 무게중심을 두고 있지만, 사실 우크라이나 사태를 바라보는 중국의 속내는 훨씬 복잡하다.[6]

러시아의 침공이 현실화되기 전 중국의 전략연구자들을 대상으로 한 인터뷰를 살펴보면 중국의 난처한 속내를 발견할 수 있다. 결론적으로 중국 학계의 주류적 인식은 중국이 단순하게 러시아 편에만 설 수는 없다는 입장이었다. 왕이웨이(王义桅) 중국인민대 교수는 우크라이나 사태를 러시아와 유럽 간의 세력 다툼이라고 정의하고 중국이 개입하지 않을 것이라고 전망한 바 있다. 특히 중국과 우크라이나의 관계가 좋기 때문에 러시아 편에 설 수 없다고 평가했다.[7] 중국사회과학원의 류웨이둥(刘卫东) 연구원도 "중국이

---

[6] 施英, "一周新闻聚焦：俄罗斯入侵乌克兰，普京的底气来自于中国的支持？"《民主中國》, 2022년 3월 2일. https://minzhuzhongguo.org/default.php?id=94007 (검색일: 2022년 3월 25일).

[7] Kinling Lo, "Russia-Ukraine crisis: Cold War is over, Chinese foreign minister says in call for diplomatic solution," *The South China Morning Post*, 20 Feb. 2022.
https://www.scmp.com/news/china/diplomacy/article/3167739/russia-ukraine-crisis-cold-war-over-chinese-foreign-minister?module=perpetual_scroll_0&pgtype=article&campaign=3167739 (검색일: 2022년 3월 28일).

어느 한쪽 편을 들 경우 중국의 이익을 해치는 결과로 이어지기 때문에 중국은 개입하지 않을 것"이라고 전망했다. 중국현대국제관계연구원의 러시아연구소 소장인 펑위쥔(冯玉军)도 러시아가 우크라이나 사태를 통해 미국과 협상을 시도하려고 하지만, 미국은 중국 견제에 모든 관심을 쏟고 있기 때문에 우크라이나에 깊게 개입하지 않을 것이라고 전망한 바 있다. 이러한 전망처럼 중국은 현재까지 우크라이나 사태에 너무 깊게 개입하지 않는 모습을 보이고 있다.

그러나 러시아의 우크라이나 침공 이후 중국은 줄곧 줄타기 외교를 해 왔다. 중국과 러시아는 최근 국내 인권 문제와 국제질서를 수정하려는 시도로 인해 서구의 강력한 압박을 받아 왔다. 그 연장선 속에서 지난 2월 초 시진핑 주석과 푸틴 대통령은 중국과 러시아의 안보 이익을 위협하고 있는 미국 주도의 오커스(AUKUS)와 NATO(NATO) 동맹에 반대하는 공동 선언문을 발표했다. 하지만 중국 측은 2월 말 러시아가 우크라이나를 침공하자 뮌헨 안보회의와 유엔 안보리에서 우크라이나 주권과 영토 보전에 대한 존중을 호소하기도 했다. 최근 몇 년간 중국과 러시아의 양국 관계가 상당히 우호적인 상태에 있지만, 중국은 러시아의 영토적 야망과 동우크라이나에서의 분리주의 세력에 대한 사안에 있어서는 거리를 두려는 것이다.

중·러 양국은 이념적으로 상호보완적인 권위주의 체제 사이의 동맹적 관계(실제 동맹 조약을 맺은 것은 아님)이지만, 이해관계가 뚜렷한 별개의 국가이다. 미국을 필두로 한 서구의 압박을 견뎌내고 있는 중국 입장에서는, 러시아의 우크라이나 침공을 계기로 미국 및 서구 세계가 유럽으로 관심을 돌리게 함으로써 곤경에서 벗어나고 싶은 의도도 숨어 있다. 즉 중국에게 최상의 시나리오는 서구와 러시아가 팽팽히 맞서는 것이며, 이를 통해 자신의 세력과 영향력을 구축하기 위한 시간과 공간을 확보하는 것이다. 이러한 정책적 고려가 중국의 모호한 태도에 반영되어 있다.[8]

중국은 러시아가 주권 국가 내에서 분리주의 운동을 지지하는 것, 특히 군사 개입을 하는 행동이 신장 위구르나 티베트에서의 분리주의 및 대만 독립을 향한 움직임과 연계되는 것이 중국에게도 문제가 될 수 있기 때문에 신경을 쓰고 있다. 러시아가 우크라이나 내의 분리주의 운동을 군사개입의 근거로 활용하는 것이 중국에게 부정적인 선례로 남을 수 있기 때문이다.

중국은 또한 우크라이나 사태로 서구의 십자포화를 맞게 되는 것을 피하고 싶을 것이다. 다른 한편으로 중국은 또한 러시아라는 변덕스러운 파트너를 화나게 하는 것도 피하고 싶어 한다. 그래서 러시아에 대한 직접적인 비난을 자제하고 있다. 중국 입장에서는 러시아와 서구가 갈등에 빠지는 것이 중국에게 유리하기 때문에 어느 쪽으로 치우치지 않는 스탠스를 취하고 있다. 그리고 변수가 생기지 않는 한 이러한 스탠스를 계속 유지하려 할 것이다.

---

[8] Yang zi, "Interpreting China'S Policy Toward The Russia-Ukraine Crisis," The diplomat, Feb. 24, 2022:
https://thediplomat.com/2022/02/interpreting-chinas-policy-toward-the-russia-ukraine-crisis/ (검색일: 2022년 3월 23일).

물론 러시아의 우크라이나 침공이 장기화되고, 미국 및 서방 동맹국과 러시아 간에 긴 갈등이 촉발된다면 (직접적인 군사적 대결은 불가능하지만) 중국에게 분명히 전략적 이익이 있을 것이다. 미국은 러시아에 맞서기 위해 전략적 자원을 전환해야 하고, 유럽 동맹국은 미국의 반중 연합에 합류하라는 미국의 간청을 더욱 꺼리게 될 것이기 때문이다.[9] 그리고 러시아와 서구의 관계가 악화되어 서구의 제재가 가해지게 되면 중국은 모스크바를 자신의 궤도 속으로 끌어들일 수 있게 된다. 이를 통해 러시아와의 관계에서 더 큰 영향력을 확보하게 될 것이다. 이러한 측면에서 중국은 러시아에 대한 경제 지원을 모색할 수밖에 없다. 그러나 중국은 러시아와 함께 서구에 대항하지 않을 것이며 러시아와 거리를 유지하려고 할 것이다. 그리고 중국에 대한 압박을 강화해 온 미국과 유럽의 연대를 교란하기 위해 유럽에 화해의 제스처를 보내며 자국의 이익을 극대화하는 기회로 삼고자 할 것이다.

러시아는 기본적으로 중국이 러시아를 비판하거나 러시아에 대해 양자관계에서든 국제무대에서든 직접적으로 제재를 가하지 않을 것이라는 확신을 갖고 있다. 중재자 역할에 관해서도 중국이 깊이 관여하지 않을 것이며 러시아와 서방의 관계에서 제3자 역할을 하지도 않을 것이라고 생각하고 있다. 러시아는 중국의 지원을 공

---

[9] Minxin Pei, "Ukraine: Why China'S Hands Are Tied As Russia And The West Face Off," *The South China Morning Post*, Feb. 1, 2022. https://www.scmp.com/comment/opinion/article/3165258/ukraine-crisis-why-chinas-hands-are-tied-russia-and-west-face. Accessed 4 Apr 2022. (검색일: 2022년 3월 30일).

개적으로 부탁하는 경향이 없고 중국 당국도 목소리를 내지 않는 것을 선호하는 경향이 있다.[*10]

반미·친러의 중국 대중과 모호한 태도의 중국 정부

중국의 지식인들 중에도 러시아의 우크라이나 침공을 비판하고 우려하는 그룹이 존재한다. 러시아의 침공이 시작된 지 사흘 뒤인 26일, 난징대의 쑨장(孙江), 베이징대의 왕리신(王立新), 홍콩대의 쉬궈치(徐国琦), 칭화대의 중웨이민(仲伟民), 푸단대의 천옌(陈雁) 교수 등 중국의 저명한 역사학자 다섯 명이 연명으로 러시아의 우크라이나 침공을 규탄하는 글을 중국 최대의 SNS 플랫폼인 위챗(微信)에 올렸다. 유엔 상임이사국이자 핵무기를 보유한 강대국이 약소한 형제의 나라를 상대로 무력을 사용해 국제사회를 놀라게 했고 대규모의 세계대전으로 이어질까 우려스럽다는 요지였다. 자세한 내용은 아래와 같다.[*11]

"연일 인터넷을 통해 보도되는 폐허, 포성, 난민의 전황 등 우크라이나의 상처가 우리를 아프게 하고 있다. 전쟁에 유린당한 적이 있는 국가로서 그 전쟁의 고통과 치욕이 우리의 역사의식을 만들어 왔기 때문에 우리는

[*10] Igor Denisov, "'No Limits'? Understanding China's Engagement With Russia on Ukraine," *The Diplomat*, March 24, 2022.

[*11] 古莉, "中国五位历史学家谴责俄罗斯入侵乌克兰," 法国国际广播电台, 2월 26일.

우크라이나 인민들의 고통에 깊이 공감한다. … 우리는 연일 사태의 추이를 주시하며 과거를 생각하고 미래를 걱정한다. … 여러 사람들이 이런 저런 말을 하는 것을 들으며, 우리도 목소리를 낼 필요가 있다고 느꼈다. 우리는 러시아의 우크라이나 침공에 강력히 반대한다. 러시아가 천 가지 만 가지 이유가 있다 하더라도 무력으로 주권국가를 침공하는 것은 유엔 헌장에 기초한 국제관계 규범을 짓밟는 것이며, 국제 안보체제를 파괴하는 행위이다. 러시아의 무력행위는 유럽뿐만 아니라 세계 전체를 위기에 빠뜨리고 광범위한 인도적 재앙을 불러올 수 있다. 우리는 러시아 정부와 푸틴 대통령이 전쟁을 중단하고 협상을 통해 분쟁을 해결할 것을 강력히 호소한다. 무력행사는 문명의 성과와 국제적 정의를 무너뜨릴 뿐 아니라 러시아 민족에게 거대한 수치와 재앙을 안겨 줄 것이다. 평화는 민심의 갈망에서 시작된다. 우리는 불의한 전쟁에 반대한다."

위의 글은 중국 누리꾼들로부터의 엄청난 비난에 직면했고, 결국 2시간 만에 삭제됐다. 중국 누리꾼들은 이들을 향해 "5명의 쥐 새끼"라고 표현했고 "국가의 입장을 위반했다"고 비판했다. 중국 여론의 논리는 간단하다. 중국을 괴롭히는 미국을 적대시하는 러시아는 자신들의 편이고 친서방 행보를 보여 온 우크라이나는 중국의 적이라는 것이다. 이러한 여론은 사실 시진핑 주석의 입장과 결을 같이 한다. 시진핑은 러시아의 침공이 시작된 지 얼마 후 외교부장, 국가안전부장, 상무부장, 군 간부들과 함께 한 자리에서 미국과 영국의 제재를 당하고 있는 러시아를 경제적 측면에서 지원하라는 지시를 내린 것으로 알려졌다. 중국 외교부도 러시아의 침공에 대해 "각 나라의 주권과 영토를 존중해야 한다"는 원칙적인 발언 외에 다른 입장 표명을 자제해 왔다. 그리고 러시아를 규탄하는 유엔 안보리 결의안에 대해 중국은 기권 입장을 표명했다.

중국 대중들의 여론과 중국 정부의 공식 입장이 궤를 달리한다는 것은 중국에서 매년 개최되는 중요한 정치행사인 양회에서 왕이 외교부장이 한 발언을 통해 확인할 수 있다. 왕이 외교부장은 양회 기간 중 내외신 기자회견에서 우크라이나 사태에 대해 다음과 같이 발언했다. 그는 "우크라이나 사태는 하루아침에 발생한 것이 아니며, 그 배경에는 복잡한 원인이 자리하고 있다. 지금의 위기를 해소하기 위해서는 '유엔 헌장'의 취지와 원칙 하에 각 국가의 주권을 존중하고 영토 보존을 보장해야 하며, 당사국의 합리적인 안보 관심사도 고려해야 한다. 러시아와 우크라이나 간에 충돌이 발생한 다음 날 시진핑 주석은 푸틴 러시아 대통령과의 전화 통화를 통해 러시아와 우크라이나 간 평화 회담을 통한 문제 해결을 기대한다고 말했으며, 푸틴 대통령도 긍정적으로 화답했다"고 했다.[12] 그리고 "당사자의 합리적 안보 관심을 배려해야 하며, 대화협상을 통한 평화적 분쟁해결을 견지해야 하며, 지역의 항구적 안정에 착안해 균형 있고 효과적이며 지속가능한 유럽 안보체제를 구축해야 한다"고 주장했다. 러시아와 우크라이나의 입장을 모두 고려한 발언이다.

엄밀하게 말하자면, 중국은 러시아의 우크라이나 침공으로 인해 매우 딜레마적인 상황에 빠져 있다고 보는 것이 정확할 것이다.

---

[12] 新华社, "国务委员兼外交部长王毅就中国外交政策和对外关系回答中外记者提问." 2022년 3월 7일자. http://m.news.cn/2022-03/08/c_1128448602.htm (검색일: 2022년 3월 23일).

중국과 수교 30주년을 맞은 우크라이나는 중국에게 식량, 철광석 등 경제안보를 위한 중요한 교역국이며 일대일로의 중요한 전략적 파트너이다. 미·중 경쟁이 치열해지는 구조 하에서 중국은 모스크바의 정치적 지원, 러시아와 우크라이나로부터의 식량 및 에너지 수입, 우크라이나와의 일대일로 협력, 우크라이나를 통한 유럽 진출 등이 매우 긴요한 상황이었다. 그런데 이번 러시아의 우크라이나 침공은 중국을 다시 러시아, 우크라이나, 유럽, 미국 등 4자의 간 복잡하고 난해한 게임에 빠뜨렸다.

이러한 딜레마 속에서 중국에는 두 가지 시각이 존재한다. 하나는, 전략적 모호성을 유지하면서 중립적 태도를 취해야 한다는 것이다. 시진핑 주석과 중국 외교부가 이런 입장을 유지하고 있고 정부의 입장을 지원하는 전략가들이 이러한 입장에 서 있다. 물론 외부의 시각에서는 중국이 러시아를 지원하는 것처럼 보이지만, 사실 매우 애매한 태도를 취하고 있는 것이 맞다. 또 다른 시각은 현재의 태도에 비판적인 전략가들인데, 중립적 태도를 버리고 세계의 주류 의견을 따라야 한다는 입장이다.[13]

우선 전략적 모호성을 유지하며 중립적 태도를 취해야 한다는 입장에 서 있는 그룹은 중국이 우크라이나 전쟁으로 인해 굉장히 복잡한 국제적 국면에 빠지게 된 것을 우려한다. 정책의 연결성을 생각할 때, 중국이 4가지 삼각관계를 동시에 고려해야 하는 딜레

---

[13] 胡伟, "俄乌战争的可能结果与中国的抉择."
https://uscnpm.org/2022/03/17/e-wu-zhanzheng-de-keneng-jieguo-yu-zhongguo-de-jueze/(검색일: 3월 30일).

마에 빠져 있다는 것이다.*14 즉 미국-중국-러시아라는 삼각관계, 중국-유럽-우크라이나라는 삼각관계, 외교-안보-경제의 삼각관계, 정부-언론-국민 정서의 삼각관계를 동시에 처리해야 하는 처지가 되었다는 것이다. 이러한 상황에서 중국의 가장 합리적인 선택은 전략적 모호성을 유지하면서 중립적인 태도를 취하는 것이라는 주장이다. 적어도 우크라이나 사태의 결말이 분명해지기 전까지는 이러한 입장을 유지해야 한다고 말한다. 이는 중국이 지역 강대국이기도 하지만 중국의 특수한 국가이익을 고려해야 한다는 측면도 있다. 이들은 우크라이나 사태의 전망이 불확실하지만, 한 가지 확실한 것은 유라시아 대륙의 지정학적 갈등이 서쪽으로 이동하고 있다는 것에 주목하고 있다. 그리고 미국을 비롯한 서방의 전략적 중심이 재조정되면서 중국에 대한 전략적 억제정책이 일정 정도 완화될 것을 기대한다. 중국이 신중하게 대외전략을 조정하고 위기관리를 한다면 중국의 지정학적 전략 공간이 확대될 수 있다는 것이다.

이에 반해, 중국이 중립적 태도를 버리고 세계 주류 의견을 따라야 한다는 주장도 소수이지만 제기되고 있다. 우선 전쟁의 결과에 대한 예측과 관련하여, 러시아가 속도전으로 우크라이나를 점령하고 우크라이나에 친러시아 정권을 세우려는 목표를 갖고 있었으나 실패한 것이 분명하다고 보고 있다. 현재 푸틴에게 남아 있는 베스트 옵션은 협상을 통해 우크라이나의 실질적인 양보와 타협을

---

*14 李治, "俄乌冲突 : 中国的角色与战略选择," 《第一财经》 2022년 3월 2일 https://www.yicai.com/news/101333131.html (검색일: 2022년 3월 30일).

얻어내는 것인데, 전쟁으로 얻기 힘든 것은 협상을 통해서도 얻기 힘들다는 전망을 하고 있다. 이들은 국제구도에 대한 전망과 관련하여 미국이 다시 서구 세계에서의 리더십을 회복할 수 있다고 예상한다. 일각에서는 우크라이나 전쟁이 미국 패권의 몰락을 상징한다고 말하지만, 오히려 프랑스와 독일을 다시 NATO로 결속시키는 결과로 이어졌다고 보고 있다.

또한 유럽이 천연가스 수입을 미국에 더 의존하게 될 것이며 미국과 유럽은 더 긴밀한 운명공동체가 될 것이라 전망한다. '철의 장막'이 다시 쳐질 수 있고, 서구 세력이 세계를 민주국가와 독재국가로 구분 짓고 러시아와의 갈등을 민주와 독재의 투쟁으로 정의하는 흐름이 분명해지고 있는데, 서구 민주주의와 반서구 세력 간의 대결 구도가 형성되면 중국이 더 고립될 수 있다는 것이다. 이들은 러시아가 힘을 잃게 되면 미국이 중국에 더 집중하고 봉쇄할 수 있게 된다고 우려하고 있다. 이러한 분석 하에 중국의 전략적 선택은 러시아와 선을 확실히 긋는 것이 되어야 한다는 것이다.

중국과 우크라이나는 그동안 양국 관계를 심화시킬 필요성에 공감하면서 양국 관계를 강화해왔다. 그러나 지난해 하반기부터 시작된 제2차 우크라이나 위기는 중국의 전략을 어지럽혔다. 중국을 우크라이나, 러시아, 유럽연합, 미국 등 다자간 게임 속으로 몰아넣은 것이다. 중국이 우크라이나 문제에서 모스크바와 같은 입장에 설 경우, 우크라이나의 미움을 사게 되고 중국과 유럽 간의 관계를 해쳐 오히려 우크라이나와 유럽이 더욱 미국의 품에 안기는 결과를 만들 수 있다. 또한 이는 "각국의 영토 주권을 존중한다"는 중국의 오랜 외교원칙에도 어긋나는 것이기 때문에 미국의 대만 문제 간섭을 비판하는 정당성을 잃게 되는 측면도 있다. 이 때문에 베이징은 지금까지 크림 반도에 대한 러시아의 주권을 공식적으로 인정하지 않았고, 2014년 친러시아 무장 세력이 러시아와 우크라이나 접경 지역에 수립한 두 정권을 승인하지 않았다. 중국은 NATO 확장에 반대하는 모스크바의 입장은 이해하지만 러시아와 NATO의 충돌에 연루되는 데는 관심이 없다. 러시아의 정책 결정자들도 이런 중국의 입장을 잘 알고 있었다.

중국과 우크라이나의 관계가 큰 발전을 이뤄왔지만, 미·중 경쟁의 심화 속에서 우크라이나 정부가 친미 및 친유럽 노선을 견지하면서 그 관계는 일정 정도 제한을 받아 왔다. 대표적인 예가 베이징 톈자오 항공이 우크라이나의 항공엔진 제조업체인 모터 시치(Motor Sich)에 대한 인수합병을 추진했으나 미국의 압력으로 무산되고 작년에 우크라이나 정부가 모터 시치를 국유화하면서 마무리된 것이다.[*15] 중국이 우크라이나로부터 획득한 군사장비나 기술로 미국에 대항하는 것을 피하려는 것이 미국의 목적이이었고, 우크라이나는 러시아의 위협에 맞서 싸우려면 미국의 지원이 필요하기 때문에 미국의 압력에 굴복한 것이었다.

우크라이나에게 중국은 러시아의 영향력에 대응하기 위한 힘의 균형으로서의 의미를 갖고 있었는데 러시아와 우크라이나의 관계 그리고 미·중 관계가 악화되면서 우크라이나는 어쩔 수 없이 중국

[*15] 观察者网, "收购航发巨头受阻, 中国投资者向乌克兰政府索赔228亿." 2020년 12월 9일자.

과의 관계에 선을 긋게 되었다. 중국은 여전히 우크라이나의 중요한 교역 파트너이자 인프라 건설의 자금줄이지만 정치적으로는 제한적인 관계를 맺고 있다. 중국은 모스크바나 키이우와 등거리 관계를 유지하며 러시아-우크라이나 간의 충돌로부터 거리를 두려 했지만, 지난 2월 초의 〈중·러 공동성명〉은 치열해지는 미·중 경쟁으로 인해 베이징이 모스크바와 더 가깝게 지낼 수밖에 없는 상황이 되었음을 보여준다. 중국은 이번 우크라이나 위기에서 러시아, 우크라이나, 미국, 유럽 사이에서 균형을 잡으려고 하고 있지만, 이번 위기가 어떻게 결론이 나든 미·중 간 경쟁은 약화되지 않을 것이다. 아울러 우크라이나가 계속 미국과 유럽 편에 선다면 중국과 러시아가 미국과 유럽에 대항하는 국면은 고착화될 것이고, 우크라이나에서 중국의 영향력은 더 많은 제한을 받게 될 것이다. 따라서 러시아, 우크라이나, 유럽연합과 등거리 관계를 유지하려는 중국의 어려움은 더욱 커질 것이다.

대만과 지정학적 중간국에게 주는 함의

우크라이나와 마찬가지로 대만은 해양세력과 대륙세력이 부딪치는 지정학적 단층선에 놓여있다. 양 세력의 이익권이 겹치는 지정학적 중간 지대는 늘 위험성이 존재한다. 강대국 관계가 악화되면 위험은 더욱 증폭되는데, 현재의 상황이 그러하다. 대만 여론은 현재 상황에 대해 크게 두 가지 시각으로 나뉘어 있다. 하나는, 현재 대만의 집권당인 민진당이 견지해 온 것처럼 미국과의 관계를 더욱 강화해서 중국의 침공 의지를 꺾어야 한다는 것이다. 다른 하나는, 야당인 국민당의 입장인데 우크라이나가 과도한 친미적인 행보를 보이다가 러시아의 침공을 받았기 때문에 대만의 대외전략도 너무 친미로 경도되어서는 안 된다는 것이다. 우크라이나 침공 발생 초기 대만 사회는 매우 긴장했다. 상상 속에만 존재하던 전쟁이 실제로 현실화된 것이다. 그리고 러시아가 전쟁을 일으킨 틈을 타서 중국이 대만을 침공할 수 있다는 소문도 있었다. 물론 중국이 10월 하순에 열리는 20차 당대회와 같은 중요한 정치 행사를 앞두고 있기 때문에 전쟁을 일으킬 가능성은 낮지만, 미국이 두 개의 전장에 신경을 쓸 수 없다는 점이 고려되어 침공 가능성을 우려한 것이다.

최근의 여론조사를 살펴보면 지정학적 중간국이 처한 이러한 위기 국면을 잘 보여준다. 최근 미국의 여론조사에서 미국인들의 58%가 우크라이나를 위한 미국의 군사 개입에 반대했다.[16] 작년 미국의 여론조사에서는 미국이 군사적으로 대만을 방어해 줘야 한다는 여론이 53%를 기록했다. 최근 40년간 진행된 여론조사에서는 대부분 40% 이하였는데, 반도체 산업 등으로 인한 대만의 전략적 지위가 상승하면서 최초로 40%를 넘은 것이다.[17] 한편 대만의

---

[16] Jordan Williams, "Most Americans in new poll oppose direct US military action to stop Russia," The Hill, Feb. 28, 2022. https://thehill.com/policy/international/russia/596098-most-americans-in-new-poll-oppose-direct-us-military-action-to/ (검색일: 2022년 3월 29일)

[17] Dina Smeltz & Craig Kafura, "For First Time, Half of Americans Favor Defending Taiwan If China Invades," The Chicago Council on Global Affairs Report, August 2021.

여론조사를 살펴보면 대만인의 60%가 중국의 무력 침공이 있을 경우 미군이 출병할 것이라 믿고 있다. 토니 블링컨 미 국무장관은 대만에 방어 무기를 제공하고 대만 유사시 군사적으로 지원할 법적 근거인 대만관계법의 약속을 여러 차례 확인했지만, 미군 출병에 대해서는 답변하지 않았고 유보적인 태도를 보였다. 미국이 전략적 모호성을 유지하고 있는 것이다.

이러한 미국의 태도 때문에 대만 사회 일각에서는 미국이 대만을 방어해 주지 않을 수도 있다는 목소리가 힘을 얻기도 했다. 그리고 이번 우크라이나 사태를 통해 대만인들은 전쟁이 일어났을 경우 우크라이나처럼 희생을 감수하고 견디고 버티는 시간이 필요하다는 것도 알게 되었다. 그러나 대만은 현재 병역의 의무가 4개월 훈련과 함께 종료된다. 그래서 이번 우크라이나 전쟁을 계기로 다시 1년 이상으로 되돌려야 한다는 주장이 나오기도 했다. 우크라이나 사태를 지켜보면서, 중국인들은 전쟁이 갖고 있는 불확실성과 여러 변수들을 목도하게 되었고, 대만인들은 전쟁이 21세기에도 현실화 될 수 있다는 우려를 갖게 되었다.

패권국인 미국의 입장에서 동유럽의 우크라이나와 동아시아의 대만은 러시아와 중국의 세력 팽창을 막기 위한 교두보이자 전략 수단이다. 반면에 중국과 러시아의 입장에서는 현상을 수정하기 위한 돌파구이기도 하다. 대만, 우크라이나, 한국 등의 중간국은 이러한 강대국들의 국익과 전략 목표 속에서 수단으로 전락할 수 있는 지정학적 위치에 놓여있다. 따라서 지정학적 중간국이 완충지대로서의 역할을 하려면 국내 정치적으로 첨예하게 작동하는 정체성의 정치를 경계해야 한다. 우크라이나는 국내 정치적으로 친서구 세력과 친러 세력이 경쟁해왔고, 정권 교체가 이뤄질 때마다 잦은 대외 전략의 변동과 불안정성을 노출했다. 정체성의 정치가 고착화되면 상대는 자기 입맛에 맞는 상대와만 협상을 시도한다. 대만의 경우 국민당 정권과 긴밀한 교류 협력을 촉진했던 중국이 민진당으로 정권 교체가 이뤄지자 대화와 협상의 여지를 남겨놓지 않았다. 중국이 대만 사회를 갈라치려는 것에 근본적 문제가 있지만, 민진당 세력도 안보 문제를 이념으로만 다루려고 하는 한계를 안고 있다.

강대국과 비대칭적 관계에 있는 중간국에게 안보 위협은 피할 수 없는 숙명이다. 위협이 높아지는 흐름 속에서 한 쪽의 힘에 기대어 밸런싱(balancing)을 할 것인지 적극적으로 평화를 위한 협상을 추진할 것인지는 선택과 전략의 문제이다. 그러나 중간국이 강대국 경쟁의 희생양이 되지 않기 위해서는 안보의 문제에 있어서는 내부적으로 일치된 컨센서스 형성에 힘써야 하고, 정서에 근거한 외교 행위보다는 전략에 근거하여 공동체의 안전과 이익을 최우선으로 하는 것이 필요하다.

제6장

우크라이나 사태와
엇갈리는 세계

| 제6장 | 우크라이나 사태와 엇갈리는 세계 |

동상이몽

　우크라이나 사태를 바라보는 시각이 국가별로 상이한 것은 어쩌면 당연한 일이다. 공통점이 있다면 우크라이나 사태의 전개가 국가별 이해관계에 달리 작용할 수밖에 없다는 평범한 사실이다. 지금까지 살펴본 우크라이나 사태 전개에 대한 주요국의 입장을 종합하면 다음과 같다.

　미국은 러시아의 우크라이나 침공을 오랫동안 미국을 중심으로 유지해온 규범에 입각한 국제질서에 대한 중대한 침해이며 당연히 미국이 추구하는 자유주의적 질서에 대한 도전으로 간주한다. 이번 사태가 자신이 주도하는 세계질서에 균열을 발생시키는 기폭제가 될 수도 있다는 우려를 갖는 것처럼 관측된다. 지난 수년간 미-중 갈등이 지속되는 상황하에서 미국은 외교·안보·경제적 역량을 인도태평양 지역으로 집중시키려 하였다. 그러나 러시아의 침공으로 이러한 미국의 전략에 상당한 차질을 초래할 것임은 분명하다. 당장 유럽의 주요 국가들이 미국의 인도태평양 전략에 전면적으로 참여하기 어렵게 만드는 세력분산의 효과가 나타나고 있다. 또한 미국의 경제제재가 국내적 피해로 이어지는 것을 방지하고자 미국의 외교원칙을 스스로 훼손하는 결과도 발생하고 있다. 예를 들어 에너지 제재조치로 인하여 원유수급에 차질이 생기자 그동안 제재 대상이었던 베네수엘라로부터 수입재개를 요청하는 것이 대표적인 사례이다. 미국으로서는 민주주의와 인권이라는 자유주의적 원칙에 입각하여 베네수엘라에 제재를 취했음에도 불구하고 스스로 규범에 입각한 국제질서를 무너뜨려야 하는 모순에 직면하고 있는 것이다. 미국의 대외정책에 있어서 신뢰의 문제를 제기하고 제재의 명분을 훼손하는 일이 아닐 수 없다.

푸틴정권은 탈냉전 이후에 조성된 국제질서가 러시아의 국가이익을 저해하며 그 수준이 임계치에 도달하였다는 판단을 한 것으로 보인다. 미국 중심의 국제질서가 특히 유럽·대서양 지역에서 러시아의 안보적 이해관계를 지속적으로 훼손하고 있다는 인식에 사로잡혀 있다. 근본적으로 러시아는 다자주의적 국제질서를 선호하고 미국이 되었든 중국이 되었든 일국 또는 이국이 이끌어가는 체제를 거부하는 것이다. 상대적으로 러시아의 국력이 이들 국가에 못 미치는 상황에서 이러한 전략이 이해되지 않는 바는 아니지만 현실적이라고 보기는 어렵다. 푸틴 정부는 지정학적 현실주의에 입각한 대외정책을 추진해 왔다. 따라서 미국 중심의 자유주의적 국제질서가 자국의 지정학적 현실주의에 충돌할 수밖에 없는 지점에 도달하였다고 판단한 것으로 보인다. 이러한 충돌을 우크라이나에 대한 침공으로 전환하여 러시아의 전략적 기반과 강대국으로서의 지위를 유지 강화하는 계기로 삼으려는 것으로 보인다. 이 과정에서 미국과 유럽간의 대서양 동맹에 일정 수준의 균열을 만들고자 하는 것도 러시아의 주요한 목표로 볼 수 있다.

　EU가 상대적으로 어정쩡한 모습을 보인 것은 우크라이나 전쟁에서 EU가 독자적인 입장과 여하한 이니셔티브를 취할 수 있는 위치에 있지 않기 때문이다. 유럽은 여전히 미국의 정책결정 틀 안에서 움직이고 있으니 따라서 제재 이외의 정책적 공간은 없어 보인다. 더구나 EU 회원국간의 이해관계도 갈려 있으며 유럽의 새로운 안보 체제에 관한 논의도 쉽지 않은 상황이다. EU가 러시아에 대하여 제재 일변도의 태도를 유지하기는 분명 어려워 보이며 이는 EU를 매우 곤혹스러운 상황에 직면하게 만들 수 있다. 유럽이 설령 러시아산 에너지에 대한 의존도를 낮추는데 성공한다 할지라도 러시아에 의존하는 구조를 완벽하게 벗어나는 것은 불가능하다. 장기적으로 러시아와의 관계는 일정 부분 회복해 나갈 수밖에 없을 것이라는 관측이 많은 이유이다. 미·중 경쟁 시대에 있지만 중국에 대한 정책도 경쟁자인 동시에 협력 파트너라고 보는 인식과 유사하다. 물론 EU는 우크라이나 사태에 있어서 원칙과 가치는 지키려고 할 것이고 그것을 포기할 수 없을 것이다. 그러나 동시에 무조건적으로 러시아 또는 중국을 배제하거나 단순히 미국편에 설 수 없는 것이 현실이다. 실제로 러시아가 다극질서를 추구하고 있다는 점에서 공교롭게도 외교에서 독자적 공간을 확보하려는 EU의 입장과 어느 정도 닿아 있다. EU가 장기적으로는 러시아와 새롭게 관계를 회복해 나가자고 할 가능성이 높다는 평가가 존재하는 이유이다.

러시아의 우크라이나 침공은 인류사회가 인도주의적으로 용납하기 어려운 횡포인 동시에 러시아로서는 국제질서의 현상변경을 만들어내고자 하는 도발적 시도이다. 중국 역시 이러한 관점을 배제할 수 없는 입장임은 앞에서 논의한 바와 같다. 그러나 중국의 경우에는 특수한 문제인 양안관계의 미래에 있어서 우크라이나 사태를 일종의 리트머스 시험지로 간주할 수도 있다. 즉, 중국은 미국과 국제사회가 우크라이나 사태에 대해서 어느 정도의 의지와 능력을 가지고 지원 내지 개입을 하는지 면밀히 관찰할 것이다. 그리고 향후 대만과 중국간에 문제가 발생할 시 국제사회의 개입수준에 대한 판단의 기초로 삼으려 할 것이다. 미국은 우크라이나를 직접적으로 도와주지 않았는데 대만에 대해서도 비슷한 태도를 취할 것인가? 만일 중국이 대만을 침공한다는 상황이 온다면 중국은 러시아가 우크라이나 사태에서 보인 것보다 훨씬 더 강력한 의지와 능력을 보일 것이다. 대만이 중국에 대해서 상당히 주의를 기울여야 할 필요도 여기에 있다.

지구상에서 실제로 무력 충돌이 일어날 가능성이 가장 큰 곳으로 꼽혔던 지역으로 대만해협, 남중국해 그리고 상대적으로 가능성이 덜하기는 하지만 한반도가 제기되어 왔다. 미·중간의 전략 경쟁과 직접적으로 연결된 지역들이다. 이들 지역은 미국의 패권 유지와 직결되어 전략적 가치와 중요성이 높은 지역이기 때문에 충돌의 가능성이 높다고 평가되었지만 오히려 전쟁은 의외로 우크라이나에서 먼저 발생하였다. 미국이 우크라이나에 대하여 직접적 개입을 하지 않는 것은 미국내의 찬성 여론이 상대적으로 낮기 때문이다. 그러나 만일 대만 해협에서의 전쟁에 대해서는 직접개입을 찬성하는 미국내 여론이 훨씬 높다. 미국사회가 대만이 갖는 전략적 가치와 중요성을 더 높게 평가한다는 얘기이다. 따라서 미국의 우크라이나 사태에 대한 입장을 기초로 한 중국의 판단은 꼭 유효하다고 볼 수도 없고 실제로 중국이 이러한 오판을 할 가능성도 높지 않아 보이는 이유이다.

함정들

러시아가 어쩌면 상상하기 어려운 전쟁이라는 선택을 내리게 된 배경에는 중국이라는 안전판과 유럽 연합과의 공고하고 대체 불가능한 에너지 체인이 있다. 미국과 서방국가들이 초유의 수준으로 대 러시아 경제제재를 하고 있으나 제재를 내린 당사국들에게도 그 제제의 파급효과는 작지 않다. 예상을 했든 그렇지 않든 양 진영 모두 다양한 위기의 함정에 직면하고 있다.

우선 코로나 이후 각국은 경제적으로 회복을 시도하고 있으나 공급망 교란으로 발생한 인플레이션이 우크라이나 사태로 인하여 악화되었다. 국제유가 상승, 곡물과 핵심 광물 자원의 공급차질 및 급격한 가격상승이 세계 경제 전반에 심각한 타격을 가하고 있다. 이러한 경제적 파급효과뿐만 아니라 현 사태가 치킨게임의 구조와 유사하다는 점에서 과연 누가 얼마나 버틸 것인가도 관건이다. 물론 대 러시아 경제제재는 당연히 러시아 경제에 대하여 직접적인 충격으로 작용한다. 그러나 러시아 경제의 세계경제와의 통합수준이 상당히 낮은 것도 사실이다. 가깝게는 크리미아 반도 통합 이후 길게는 체제전환 이후부터 제재가 지속되었다는 점에서 그 추가적 효과에 대해서도 단언하기 어렵다. 예를 들어, 경제제재는 한편으로는 '강요된 수입대체(Enforced Import Substitution)'라는 점에서 일상생활에 필요한 산업을 중심으로 러시아의 국내생산역량이 확대되었고 이는 제재의 효과를 일부 흡수하고 있다. 이와 함께, SWIFT 금융거래 제재 역시 석유거래에 직접적으로 영향을 못 미치는 것으로 분석되기도 한다. 대 중국 무역에 역시 루블-위안화 거래가 가능하다는 점도 고려해야 한다.

세계경제의 관점에서 볼 때, 에너지와 식량위기 그리고 공급망에 대한 리스크가 높아진다는 반사효과도 중요하게 고려되어야 한다. 이 부문에 대한 충격은 현재 진행되고 있는 비용충격 인플레이션(Cost-Push Inflation)을 가속화할 것이 거의 분명하다. 세계경제가 코로나 팬데믹으로부터 회복을 모색하기 시작한 시점에서 빠르게 세계경제의 침체 가능성에 대한 경고가 나타나고 있다. 경제제재와 이에 따른 공급망 교란 같은 부정적 효과는 결코 균질하지 않다. 중동과 아프리카 등 제3세계 국민들에게 에너지와 식량공급의 차질의 형태로 상대적으로 높은 고통을 부가하는 결과를 가져올 것이다. 이와 같이 전쟁과 경제제재의 비용이 일방적이지 않을 뿐만아니라 제3국에 대하여 비대칭적으로 높게 나타난다는 점은 매우 유념해야 할 대목이다. 러시아가 비용을 부담해야 하는 것과 마찬가지로 세계경제가 어느 정도의 비용을 감내할 수 있을 것인가를 주목해야 한다.

2차 세계대전 때 가장 큰 피해를 입었던 나라는 당시 소련이었다. 그렇지만 소련은 승전국의 일원이었으며 그 사실 자체가 2차 세계대전 이후의 질서형성에 굉장히 중요한 역할을 하였으며 소련은 냉전의 한 축을 담당하였다. 이번 사태도 러시아가 지금 당장의 상당한 피해를 감수하면서도 전쟁이라는 모험을 선택했다는 사실을 직시해야 한다. 따라서 이 사태의 근본적 배경이 핵강대국들간의 갈등이라는 사실 자체가 대화를 통해 문제를 해결할 수밖에 없을 것이라는 전망을 낳기도 한다. 우크라이나 전쟁의 장기화 가능성을 낮게 보는 합리적 근거이기도 하다. 미국으로서도 중간선거 등 국내정치를 감안할 때 전쟁을 장기화할 인센티브가 없다. 특히 미국 주도의 경제 제재가 인플레이션으로 나타나고 있으므로 2022년 현재 중간선거를 치러야 하는 미국의 민주당에게는 매우 현실적인 제약조건이다. 바이든 행정부는 전쟁에도 불구하고 낮은 지지율을 면치 못하고, 이를 극복할 수 있는 정책적 대안도 뚜렷하지 않다. 실제로 취임 초기에 내걸었던 정책의 실현을 위한 핵심 법안의 통과도 성취하지 못하였다. 미국이 사태의 장기화를 원하지 않는다는 판단은 러시아에도 그대로 적용된다. 국내정치적 함정이 즐비한 상황에서 외교적 타결에 대한 압박이 점증할 것이기 때문이다.

중국의 입장에서도 우크라이나 사태는 딜레마이다. 중국은 러시아와 우크라이나 모두와 밀접한 관계를 갖고 있다. 러시아와는 1950년 이래로 최고의 밀월 관계를 유지하고 있다. 예컨대 지난 20년 동안 유지해 오던 중국과 러시아 사이의 우호 협력 조약을 연장하는데 작년에 합의하였다. 경제적인 측면뿐만 아니라 군사 안보적인 측면에서 밀월관계도 두드러지고 있다. 그러나 중국의 딜레마는 초기에 러시아의 안보적 불안이라는 명분을 합리적인 것으로 인정하던 태도에서 시간이 지남에 따라 주권 존중과 불침범 원칙을 강조하는 방향으로 변화되는 듯한 태도에서 발견된다. 중국은 대미, 대러시아, 대유럽 그리고 우크라이나와의 관계 속에서 실질적인 중재 역할을 담당할 수 있는 위치에 있지도 않다. 이러한 조건이 중국으로 하여금 평화적 담판을 통한 해결을 강조하는 입장으로 이어지고 있다. 중국은 미국이 신냉전 구도로 전개해 나가는 상황이 현실화하는 것에 대하여 가장 큰 우려를 갖고 있기 때문에 푸틴이 우크라이나라는 함정을 밟은 것에 경계심을 갖고 있을 것이며 여기서 신속히 벗어나기를 기대할 것이다. 이러한 상황은 동아시아에서 대만이 유사한 함정이 될 수 있다는 점에서 중국도 반면교사로 삼을 수 있다. 현재로서는 중국이 상정하는 가장 바람직한 시나리오는 다자적인 해결방안을 찾는 것이다. 특히 중국은 EU의 역할을 강조하면서 대화를 통한 해결을 기대할 것이라는 점은 위에서 언급한 대화에 의한 해결가능성을 약간이라도 높이는 것이기도 하다.

한반도

우크라이나 사태를 소위 신냉전 체제의 재등장이라는 명제와 연결시키는 경우가 적지 않다. 그러나 신냉전이 분명하게 개념화되어 있지 않은 상황에서 이러한 용어의 사용은 자제할 필요가 있다. 실재적 현상과 무관하게 현실을 새로운 냉전으로 규정하는 사고가 정책결정자나 여론 주도자를 지배할 경우 그것이 오히려 신냉전을 조금이라도 더 초래할 위험이 있다. 신냉전과 같은 국제질서의 위기적 환경이 한반도에는 그 위협이 증폭되어 작용한다는 사실을 감안하면 더욱 조심해야 할 일이 아닐 수 없다.

신냉전이라는 용어가 등장하기 시작한 것은 미·중간의 갈등이 본격화하기 시작한 이후부터이다. 과연 양국간의 갈등이 과거 냉전시절의 체제경쟁과 동일한 차원으로 볼 수 있을 것인가에는 의문의 여지가 있다. 바이든 대통령이 중국의 체제변화에 대해서는 간여하지 않겠다는 입장을 표명하기도 하였다. 우크라이나 사태는 체제대결보다는 해당 지역을 둘러싼 안보적 환경 변화에 대한 러시아의 국가안보적 대응의 성격으로 한정할 수도 있다. 중국의 부상이 국제질서를 주도하는 국가와 양립할 수 있다는 중국의 주장과 이에 대한 미국과 유럽의 부정적 태도가 어떻게 전개해 나갈 것인가도 중요한 문제이다. 물론 중국 특색 사회주의 모델의 강화 노력을 서구적 가치와 제도에 대한 도전으로 받아들이고 있는 상황임도 분명하다. 이러한 상황의 전개를 면밀히 관찰하면서 새로운 냉전체제의 도래 여부를 판단해야 한다는 것이다.

우크라이나 사태는 위기가 고조된 외교안보 환경하에서 현명한 외교안보적 판단이 필요함을 웅변한다. 현재 미국과 중국 그리고 러시아 및 여타 국가들이 현 국제질서의 현상 변경을 시도하는 것은 사실이며 이러한 변화가 곧바로 지정학적 충돌로 현실화 될 수 있음이 드러났다. 미국의 경우 자유주의 진영에 대한 공동의 적을 상정하고 다양한 형태로 국가 간의 연합을 통하여 전선을 형성하고 미국 헤게모니 국제질서를 유지해 나가려 한다는 분석이 제기된다. 현재로서는 그 구체적 대상이 유럽에서는 우크라이나고 동아시아에서는 대만이다. 그런 점에서 우크라이나 사태는 러시아가 자국의 이해관계를 수호하고자 하는 의도하에 전쟁이라는 선택을 하였다고 볼 수도 있는 동시에 다른 한편으로는 미국의 트랩에 걸려든 것이라는 평가도 가능하다. 그 와중에서 분쟁의 당사국이며 일방적인 희생이 되고 있는 우크라이나가 평화와 국민의 생명을 지키려는 외교적 노력과 역량이 부족하였음을 반면교사로 삼지 않을 수 없다.

흥미롭지만 별로 주목하지 않은 점은 미국이 매우 구체적으로 러시아의 침공 일자에 대한 정보를 공개하였다는 사실이다. 그럼에도 불구하고 이를 사전에 외교적으로 해결하지 않고 전쟁발발을 방치하였다는 것은 일종의 미스테리이다. 한편으로는 미국의 입장이기도 하고 다른 한편으로는 전쟁을 막을 능력이 없었다고 볼 수도 있다. 이것이 전략이냐 아니냐는 논란은 차치하고 왜 미국 정도의 강대국이 전쟁을 방치하였는지 이해하기는 힘들다. 일각에서 미국이 다른 계산을 하고 있지는 않은지 의문을 제기하는 배경이기도 하다. 물론 러시아가 군사력을 국경에 증강 배치하는 과정에서 미국이 정보를 공개함으로써 이러한 행동을 제약하고 군사행동을 실질적으로 견제할 수 있는 것으로 기대하였을 수도 있다. 그리고 만일 전쟁이 발발하지 않았다면 이러한 선택이 전쟁을 방지하는 성과를 이룩하였다는 선전도 가능할 것으로 판단했을 것이다. 미국의 정보역량에 대한 신뢰위기라는 부담감에도 불구하고 공개함으로써 유럽이 보다 적극적으로 나서기를 원했다고 해석할 수 있다. 그 답의 실체가 무엇이든 전쟁은 발생하였고 전쟁터가 된 우크라이나가 그 희생을 전부 감당하게 되었다는 것만이 변하지 않는 사실이다.

미국은 우크라이나에서 러시아와 전면적으로 대립할 생각은 전혀 없어 보였다. 방공식별구역조차 설정하지 못한 것이 유력한 증거이다. 전쟁 책임의 관점에서 볼 때, 젤린스키 정부가 친유럽적 선택을 하였음에도 불구하고 미국이 결과적으로 지켜주지 못하였다. 결과적으로 미국은 자국의 이해에 사로잡혀 있다는 비난에서 자유로울 수 없다. 이 때문에 동아시아의 지정학적 상황에 대한 우려가 제기되기도 한다. 그러나 이러한 미국의 입장이 예를 들어 대만에 그대로 적용될 것으로 보기는 어렵다. 우선 우크라이나는 미국의 동맹이 아니었기도 하지만 대만에서의 긴장관계는 미국에 대하여 훨씬 더 큰 부담으로 작용할 것이기 때문이다. 우크라이나 사태에 대한 미국의 전략적 태도가 도덕적으로 비난받을 수 있는 여지가 여기에 있다.

유럽의 경우에도 독일의 숄츠 총리와 프랑스의 마크롱 대통령이 셔틀 외교를 하였음에도 불구하고 러시아와 우크라이나 설득에 실패하고 민스크 협정을 살려내지 못하였다. 유럽의 역량 부족으로만 돌릴 수 있는 것인가라는 질문으로 대체할 수 있는 문제이다. EU가 보는 우크라이나 사태는 미국이 직면한 것과 분명한 차이가 존재한다. 왜냐하면 EU 바로 앞에서 일어나는 일이고 직접적으로 안보적 위협이 되는 상황이기 때문이다. 그럼에도 불구하고 적극적으로 해결할 수 있는 역량이 없다는 것이 근본적 문제이다. 독일과 프랑스가 러시아와 대화하는 외교적 연출을 보여주었지만 러시아의 요구조건을 수용할 수 있는 권한을 갖고 있지 못한 상태에서 실질적인 역할은 제한되었다. EU의 실질적인 관심사는 과거 이란 핵 협상 문제에서 보여주었던 것처럼 구체적인 자원과 군사적 보장의 제공 없이도 중재자로서 평화를 만들어내는 역할의 재현에 초점을 두었던 것으로 보인다. 전쟁이 발발한 상황에서 EU는 그 한계를 절감하고 있는 상태로 보아야 할 것이다. 그럼에도 불구하고 마크롱이 시도하고 있는 것처럼 일정한 돌파구를 찾아낸다면 유럽외교와 위상에 일정한 이정표가 될 수 있기 때문에 이러한 시도는 지속될 것임도 분명하다.

전쟁의 종결 여부와 무관하게 우크라이나 사태의 미래는 예측이 불가능한 상황이다. 그렇지만 여전히 이 사태가 국제 정치 및 군사 안보, 그리고 세계 경제에 미치는 파급 효과가 굉장히 크다는 사실은 분명해졌으며 나아가서 한반도에도 중요한 정책 시사점을 주고 있다. 아주 극단적인 상황, 예를 들어 우크라이나 사태와 같은 일이 중국과 대만 간에 벌어진다 했을 때 동아시아의 일원으로서 한국은 어떠한 역할을 해야 할 것인가라는 질문을 제기할 수 있다. 현재 드러나고 있는 미국 주도의 세계질서를 구축하고자 하는 미국의 집요함과 능력을 감안하여 한국 역시 만약의 사태에 대비를 위한 고민이 필요하다. 소위 신냉전이라고 불릴 수 있는 국제질서가 형성될 경우 이로 인한 부정적 효과가 한반도에서 증폭되어 나타날 가능성은 거의 분명하다.

강대국간의 갈등 속에서 우크라이나만이 실질적인 피해를 입고 있는 상황을 관찰하면서 한반도가 자기 결정력 강화를 추진해야 할 필요성을 자각하는 계기로 삼아야 할 것이다. 강대국 사이의 '끼인 국가'로서 현명한 외교안보 정책의 중요성과 유용성에 대한 일반 대중의 인식 제고도 필요하다. 우크라이나에 대한 국제적 지원에도 불구하고 우크라이나가 전쟁 이전 외교 및 안보정책상의 문제점에 대한 지적을 회피할 수는 없다. 현재는 외교가 기술안보, 경제안보, 군사안보와 복잡한 인터페이스를 갖게 된 시대이다. 따라서 미-중 관계, 중국-유럽 관계, 러시아-유럽 관계의 전개양상은 한국에 대해서도 깊은 고민을 제기해왔고 향후 그 경향은 더 강해질 것이다. 한국으로서는 러시아가 주장하는 형태의 다자주의 보다 각 지역과 국가 간의 다양한 연계와 협력이 보장되는 국제 질서를 만들어 나가는 방안도 동시에 고민해야 할 필요가 있다. 미국과 중국간의 대결양상에 종속되기보다는 EU와 아세안 그리고 한국과 비슷한 규모의 여타 국가들과 Coalition을 형성하고 연계를 강화할 필요가 있다. 이러한 접근을 통하여 우크라이나 사태와 같은 분쟁이 동아시아에 발생한다 할지라도 한반도에 미치는 부정적 효과를 최소화하는 동시에 평화적 해결에 있어서 한국의 선도적 역할도 가능해진다.

미국의 한반도에 대한 외교안보적 관심이 줄어든 가운데 북한은 우크라이나를 통하여 힘에 기초한 국제관계의 엄중한 현실을 재확인하고 있을 것이다. 북한이 핵과 미사일 등 전략적 억지력의 중요성을 재확인하게 될 것임은 분명하다. 다시 한번 한반도에서 북한의 군사적 도발을 억제하면서 평화적 관리의 중요성이 크게 대두된 시점을 맞고 있다. 우크라이나 사태는 한국의 지정학적 위치에 대한 인식을 새로이 할 필요를 말해준다. 적어도 우크라이나와 같이 국내적 갈등이 외교안보 정책으로 발현하는 상황의 엄중함을 직시하고 무엇보다도 평화와 번영이 최상위의 목표가 되는 외교안보 전략을 모색해야할 시점인 것이다.

우크라이나 사태로 한층 강화된 미국 중심의 동맹이 향후 미·중 경쟁에서 대 중국 압박을 강화하는 방향으로 활용될 가능성이 높다. 미국과 중국이 북한 문제를 포함하여 외교안보 및 경제적 측면에서 한국에게 매우 중요한 국가들이라는 점에서 한국의 외교적 고민은 깊어질 수밖에 없는 상황이다. 특히 한반도의 안보 환경이 미국을 포함한 중국, 러시아 등의 강대국 간 경쟁에 영향을 받을 수밖에 없다는 점을 고려하면 더욱 그러하다. 그러나 우크라이나 사태 이후 국제질서 변화가 한반도 평화정착에 유리하게 작용할 가능성은 높지 않아 보인다. 외교안보 전략의 수립과 추진에 있어서 무엇보다 중요한 것은 한반도의 평화와 국민생명을 보호하는 것이다. 우크라이나 사태는 한반도가 미국을 중심으로 한 서방과 러시아 및 중국의 패권 경쟁의 장이 되지 않도록 해야 한다는 교훈이다. 내부적 분열이 외교안보 정책상의 오판으로 이어지지 일은 없어야 한다. 주변국과의 관계를 강화함에 있어서 평화를 언제나 절대적 우선의 원칙으로 삼는 것은 그 첫걸음이다.

참고문헌

고재남. "러시아·우크라이나 전쟁위기: 전쟁과 시사점." 한양대 아태지역연구센터 & 유라시아정책연구원 공동 세미나 자료집 2022.01.18. (2022).

김정곤, 허재철, 손성현, 권혁주, 백종훈, 장윤희, 김초롱, 김민희. "미국의 아프가니스탄 철군에 대한 인접국의 대응 및 전망."『KIEP 세계경제포커스』4(48), (2021).

김재관. "시진핑-푸틴 집권기 중러관계의 신추세에 관한 연구,"『중소연구』44(4) (2021), pp.233-284.

김훈. "EU의 유럽근린정책이 동방 파트너십 국가의 거버넌스 증진에 미치는 영향: 우크라이나, 조지아, 몰도바 사례를 중심으로"『유럽연구』 40(1) (2022), pp.209-244.

연합뉴스. "우크라 협상 대제된 EU, 지정학적 '하드파워' 모색" (2022.01.14.).

윤영주. "EU 에너지안보 패키지의 주요 내용 및 쟁점"『World Energy Market Insight』제16-8호, (2016), 에너지경제연구원

이문영. "형제국가들의 역사전쟁: 우크라이나 사태와 러시아의 크림반도 합병의 기원."『역사비평』, 2015.8 (2015).

이투데이., "EU 집행위, 원자력 친환경에너지 분류 초안 제안...독일·오스트리아 반발" (2022.01.03.).

장세호. "국제질서의 변동에 대한 미중 대결 중심 시각의 한계와 우크라이나 위기."『INSS 이슈브리프』 326호(2022).

제성훈. "위기에 맞선 공세적 대응."『2015 RUSSIA REPORT: Issues & Analysis』 용인: 한국외대 러시아연구소, (2016).

홍석우. "우크라이나 유로마이단의 문화적 해석: 소통과 축제, 그리고 창작의 공간"『동유럽발칸연구』 39(1) (2015), pp.153-179

ABC News, "EU agrees on Russia sanctions so far, but energy divides" (March 25 2022).

AP News, "Macron says Europe's security architecture must be rethought" (August 31, 2018).

Beale, Jonathan. "How hard will it be to defend Ukraine from Russian invasion?." BBC, (February 25, 2022).

Belkin, Paul, and Hibbah Kaileh, "The European Deterrence Initiative: A Budgetary Overview," Congressional Research Service In Focus (July 1, 2021).

Bowen, Andrew S. and Cory Welt. "Russia: Foreign Policy and US Relations" CRS Report (April 15, 2021).

Campbell, Charlie. "How Russia's Invasion of Ukraine Could Change the Global Order Forever," Time, (February 24, 2022).

Council of the EU. "European Peace Facility: Council adopts assistance measures for Georgia, the Republic of Moldova, Ukraine and the Republic of Mali" Press Release (December 2, 2021), Council of the European Union.

Crosson, Dylan Macchiarini. "The European Peace Facility: Supporting Ukraine and bolstering the EU's strategic responsibility" Brussels: Centre for European Policy Studies, 2022.

Denisov, Igor. "'No Limits'? Understanding China's Engagement With Russia on Ukraine," The Diplomat, (March 24, 2022).

Doherty, Carrol, Jocelyn Kiley, Nida Asheer, and Calvin Jordan, "Public Expresses Mixed Views of US Response to Russia's Invasion of Ukraine," Pew Research Center (March 15, 2022).

EEAS, "Die Welt – "Nothing will be decided about us without us being there"" EU foreign affairs chief, Josep Borrell's interview with Die Welt, (December 29, 2021).

Emerson, Michael & Movchan, Veronika(eds.), Deepening EU-Ukrainian Relations: What, why and how? Brussels: Centre for European Policy Studies, 2018.

EURACTIV, "Blinken to join EU foreign ministers teleconference as Ukraine tensions rise" (January 24, 2022).

European Commission, "Commission Decision, Programming of the European Neighbourhood Instrument(ENI): 2017-2020, Single Support Framework for EU support to Ukraine(2018-2020)", C(2017)8264 final (November 12, 2017), European Commission.

_____, "EU Taxonomy: Commission begins expert consultations on Complementary Delegated Act covering certain nuclear and gas activities" Press Release(January 1 2022), European Commission

_____, "REPowerEU: Joint European action for more affordable, secure and sustainable energy" Press Release(March 8 2022), European Commission.

_____, "Joint Statement between the European Commission and the United States on European Energy Security", Statement(March 25, 2022), European Commission.

Fossum, Sam and Kevin Liptak, "Biden on Putin: "I think he is a war criminal"" CNN News (March 17, 2022).

French Presidency of the Council of the European Union, "French President Emmanuel Macron Press Conference Speech" (December 13, 2021) https://presidence-francaise.consilium.europa.eu/en/news/french-president-emmanuel-macron-press-conference-speech/ (검색일: 2022.03.11.).

_____, "Informal Meeting of Foreign Ministers" (January 16 2022) https://presidence-francaise.consilium.europa.eu/en/news/press-release-informal-meeting-of-foreign-ministers-gymnich/ (검색일: 2022.03.11.).

EEAS, "EU support to Ukraine and the security architecture in Europe" (January 09 2022), https://eeas.europa.eu/headquarters/headquarters-homepage_en/109462/EU%20support%20to%20Ukraine%20and%20the%20security%20architecture%20in%20Europe (검색일: 2022.03.15.).

EUAM Ukraine, https://www.euam-ukraine.eu/our-mission/about-us/

(검색일: 2022.03.15.)

European Council, "Eastern Partnership" https://www.consilium.europa.eu/en/policies/eastern-partnership/ (검색일: 2022.03.17.)

Eurostat, "From where do we import energy?" https://ec.europa.eu/eurostat/cache/infographs/energy/bloc-2c.html (검색일: 2022.3.21.)

Gannon, J. Andres, Erik Gartzke, Jon Lindsay, Peter Schram. "Why did Russia Escalate Its Gray Zone Conflict?" Lawfare (January 16, 2022).

Glaser, Bonnie. "Chinese Support for a Russian Attack on Ukraine Cannot be Cost-Free," Foreign Policy (February 14, 2022).

Gordon, Michael R. "Biden Sticks with Longstanding US Policy on Use of Nuclear Weapons Amid Pressure from Allies" The Wall Street Journal (March 25, 2022).

Hill, Fiona and Clifford Gaddy. *Mr. Putin: Operative in the Kremlin*, Washington D.C.; Brookings Institution Press, 2013.

Hutt, David. "EU-China deal may give Biden's team more options." Asia Times(December 31, 2020).

Jong-Fast, Molly, "The Far Right is now anti-anti-Putin" The Atlantic, (March 16, 2022).

Kammer, Alfred, Azour, Jihad, Aemro Selassie, Abebe, Goldfajn, Ilan and Rhee, Changyong. "How War in Ukraine Is Reverberating Across World's Regions," IMFBlog, March 15, 2022.

Kochis, Daniel. "Assessing the Global Operating Environment: EUROPE" The Heritage Foundation (October 20, 2021).

Lo, Kinling. "Russia-Ukraine crisis: Cold War is over, Chinese foreign minister says in call for diplomatic solution," The South China Morning Post, (February 20, 2022).

Mearsheimer, John J. "Why the Ukraine Crisis is the West's Fault" Foreign Affairs (September-October 2014).

Pei, Minxin. "Ukraine: Why China'S Hands Are Tied As Russia And The West Face Off," The South China Morning Post, (February 1, 2022).

Peterson, Nicole(eds.). "Russian Strategic Intentions" A Strategic Multilayer Assessment(SMA) White Paper, Department of Defence, U.S. 2019.

Pezard, Stephanie and Ashley L. Rhades. "What Provoke Putin's Russia? Deterring without Unintended Escalation" RAND Perspective (January, 2020).

Radin, Andrew & Reach, Clint. "Russian Views of the International Order" A RAND Project to Explore U.S. Strategy in a Changing World, Calif; RAND Corporation, 2017.

REUTERS, "France says Putin trying to bypass EU over Ukraine by talking solely to U.S." (January 7 2022).

Saradzhyan, Simon, "Russia's New Security Strategy: Deter US, Ignore EU, Partner with China and India" Russia Matters, (July 15, 2021), Harvard Kennedy School Belfer Center for Science and International Affairs.

Shevin-Coetzee, Michelle. *European Deterrence Initiative*. Washington D.C.: Center for Strategic and Budgetary Assessment, 2019.

Shumylo-Tapiola, Olga, "Why Does Ukraine Matter to the EU?" *Carnegie Europe*, 2013.

Smeltz, Dina & Kafura, Craig. "For First Time, Half of Americans Favor Defending Taiwan If China Invades," The Chicago Council on Global Affairs Report, (August 2021).

SPIEGEL International, "Germany Completes Historic Foreign Policy About-Face", (February 28 2022).

The White House, "Interim National Security Strategic Guidance" (March 2021).

Welt, Cory. "Russia's Invasion of Ukraine: Overview of US and Allied Response" CRS Insight (February 25, 2022).

Williams, Jordan. "Most Americans in new poll oppose direct US military action to stop Russia," The Hill, (February 28, 2022).

Yousif, Elias. "US Military Assistance to Ukraine" Stimson Center (January 26, 2022)

Zi, Yang. "Interpreting China'S Policy Toward The Russia-Ukraine Crisis," The Diplomat, (February 24, 2022).

Министерство иностранных дел РФ. "Договор между Российской Федерацией и Соединенными Штатами Америки о гарантиях безопасности," 17.12.2021. https://mid.ru/ru/foreign_policy/rso/nato/1790818/?lang=ru

(검색일: 2022.02.22.)

Министерство иностранных дел РФ. "Соглашение о мерах обеспечения безопасности Российской Федерации и государств-членов Организации Североатлантического договора," 17.12.2021.
https://mid.ru/ru/foreign_policy/rso/nato/1790803/?lang=ru (검색일: 2022.02.22.)

Путин, Владимир. "Об историческом единстве русских и украинцев."
http://www.kremlin.ru/events/president/news/66181 (검색일: 2022.02.22.)

Путин, Владимир. "Обращение Президента Российской Федерации."
http://www.kremlin.ru/events/president/news/67828 (검색일: 2022.02.22.)

Тренин, Дмитрий. "Военная тревога. Что вызвало и к чему приведет обострение с Украиной." Московский Центр Карнеги, 13.04.2021.

"Два ответа с приветом." Коммерсантъ, 02.02.2022.

"Песков ответил на вопросы о целях и сроках операции в Донбассе," РБК, 24.02.2022.

"Президент РФ заявил, что Запад проигнорировал основные темы в сфере безопасности." Итерфакс, 01.02.2022.

"Признание Донбасса: данные первого опроса," ВЦИОМ, 23.02.2022.

"Укарина и Донбасс," Левада-Центр, 24.02.2022.

ФОМ. "Политические индикаторы," Доминаты поле менений, неделя No.07.

解放军报, "习近平主席和普京总统将举行自2013年以来第38次会晤," 2022년 2월 2일.

中国网, "外交部就中方在乌克兰问题上的立场等热点答问," 2022년 3월 17일.

古莉, "中国五位历史学家谴责俄罗斯入侵乌克兰," 法国国际广播电台. 2022년 2월 26일.

施英, "一周新闻聚焦：俄罗斯入侵乌克兰，普京的底气来自于中国的支持？" 《民主中國》, 2022년 3월 2일.

观察者网, "收购航发巨头受阻，中国投资者向乌克兰政府索赔228亿. 2020년 12월 9일.

新华社, "国务委员兼外交部长王毅就中国外交政策和对外关系回答中外记者提问." 2022년 3월 7일.

李治, "俄乌冲突：中国的角色与战略选择,"《第一财经》2022년 3월 2일.

胡伟, "俄乌战争的可能结果与中国的抉择." 2022년 3월 17일. https://uscnpm.org/2022/03/17/e-wu-zhanzheng-de-keneng-jieguo-yu-zhongguo-de (검색일: 2022.03.17.).

저자 약력 및 책임 집필 내용

윤성욱 교수는 현재 충북대학교 정치외교학과에 재직 중이며, 주요 연구 분야는 EU 외교정책, 국제정치경제, 유럽통합과 갈등 극복과 한반도 통합 등이다. 영국 브리스톨 대학교에서 박사학위를 취득하였고, 현재 한반도 평화친선대사, 민주평화통일자문회의 상임위원, 통일부 정책자문위원 등으로 활동 중이다. 윤성욱 교수는 EU의 관점을 담고 있는 4장을 책임 집필하였다.

장세호 박사는 국가안보전략연구원에 재직 중이며, 관심 연구 영역은 러시아 권력엘리트, 선거와 정당, 한러관계 등이다. 러시아 상트페테르부르크국립대학교에서 정치학 박사 학위를 취득하였고, 현재 민주평화통일자문회의 상임위원, 통일부 정책자문위원, 북방경제협력위원회 전문위원, 한국외대 국제지역대학원 겸임교수 등으로 활동 중이다. 장세호 박사는 러시아의 관점을 담고 있는 2장을 책임 집필하였다.

장영희 박사는 국립대만대 국가발전연구소에서 박사학위를 받았고 한국외대, 충남대, 고려대 등에서 강의를 했다. 현재 성균중국연구소 연구교수로 재직 중이며 콘라드 아데나워 재단 자문위원으로 활동하고 있다. 연구 분야는 중국 정치외교, 대만정치 및 양안관계, 동아시아 국제관계 등이다. 장영희 박사는 중국의 관점을 서술한 5장을 책임 집필하였다.

정구연 교수는 현재 강원대학교 정치외교학과에 재직 중이며, 주요 연구 분야는 미국대외정책, 국제안보 등이다. 미국 캘리포니아 주립대 로스앤젤레스(UCLA)에서 박사학위를 취득하였고 이후 국립외교원 연구교수, 통일연구원 연구위원으로 근무하였으며, 현재 외교부, 통일부, 해군 자문위원을 역임하고 있다. 정구연 교수는 미국의 전략과 관점을 담은 3장을 책임 집필하였다.

제성훈 교수는 현재 한국외국어대학교 노어과에 재직 중이며, 주요 연구 분야는 러시아와 유라시아 정치, 한러 협력관계 등이다. 러시아 모스크바 국립대학교 정치학부에서 정치학 박사학위를 취득하였고, 이후 대외경제정책연구원(KIEP) 러시아-유라시아 팀장으로 근무하였으며, 현재 통일부 정책자문위원으로 활동 중이다. 제성훈 교수는 우크라이나 사태의 배경을 설명하는 1장을 책임 집필하였다.

한홍열 교수는 현재 한양대학교 경제학부에 재직 중이며 코리아컨센서스 연구원 이사장을 맡고 있다. 국민경제자문위원회 위원을 역임하였다. 저서로는 Industrial, Science, Technology and Innovation Policies in South Korea and Japan, 2017(co-authored with Murat Yulek) '한-유라시아 주요국 전략적 산업협력 방안(공저)' 등이 있다. 한홍열 교수는 1장의 집필과 본서의 논의를 종합하는 6장을 책임 집필하였다.

코리아컨센서스연구원

러시아의 우크라이나 침공과 엇갈린 세계

1판 1쇄 발행	2022년 4월 25일
1판 2쇄 발행	2022년 7월 15일
지은이	윤성욱, 장세호, 장영희, 정구연, 제성훈, 한홍열
발행인	한홍열
편집·디자인	이찬미
발행일	2022년 4월 25일
발행처	코리아컨센서스연구원 서울특별시 종로구 자하문로17길 12-10, 3층 전화: 02-3147-0633 이메일: kci@lkoreaconsensus.org 홈페이지: www.koreaconsensus.org
등록	2015년 2월 6일 제300-2015-20호
ISBN	979-11-951660-6-0 (93340)
값	10,000원

* 이 책은 (사)코리아컨센서스연구원이 저작권자와의 계약에 따라 발행한 것이므로 본 연구원의 서면 허락 없이는 어떠한 형태나 수단으로도 이 책의 내용을 이용하지 못합니다.

* 잘못된 책은 구입하신 서점에서 바꾸어 드립니다.